Das Buch

Wolyna, ein altes jüdisches Städtchen in Ostpolen, ist von den Schergen Hitlers und der systematischen Ausrottung ebenso bedroht wie andere. Doch seine Bewohner wollen das nicht wahrhaben, allen voran ihr Rabbi, genannt Zaddik, der Gerechte. Da kommt Dr. Rubin, ein Jude aus Wien, der seine Familie in einem polnischen Konzentrationslager verloren hat, und fordert die Männer auf, sich den Partisanen anzuschließen. Nur wenige, darunter der sechzehnjährige Sohn des Rabbi, folgen ihm ... Diese in sich geschlossene Erzählung ist Teil der Romantrilogie ›Wie eine Träne im Ozean‹ und wurde bereits 1952 auf Anregung von André Malraux vorab veröffentlicht.

Der Autor

Manès Sperber, geboren am 12. Dezember 1905 in Zablotow/Ostgalizien. Jugend in Wien. Schüler und Mitarbeiter Alfred Adlers. 1927 bis 1933 als Lehrer für Individualpsychologie in Berlin. 1934 Emigration nach Paris, wo er bis zu seinem Tod am 5. Februar 1984 lebte. 1983 wurde er mit dem Friedenspreis des Deutschen Buchhandels ausgezeichnet.

von Jenka Sperber
am 10. Nov. 1987, in
Paris bekommen

dtv großdruck

Manès Sperber:

Wolyna

Erzählung

Mit einem Vorwort von André Malraux

Deutscher
Taschenbuch
Verlag

dtv

Von Manès Sperber
sind im Deutschen Taschenbuch Verlag erschienen:
Die Wasserträger Gottes (1398)
Die vergebliche Warnung (1485)
Wie eine Träne im Ozean (1579)
Bis man mir Scherben auf die Augen legt (1757)
Churban oder Die unfaßbare Gewißheit (10071)
Manès Sperber – Sein letztes Jahr (10509)

Juni 1987
Deutscher Taschenbuch Verlag GmbH & Co. KG,
München

ISBN 3-203-50868-0
Umschlaggestaltung: Celestino Piatti
Gesamtherstellung: C. H. Beck'sche Buchdruckerei,
Nördlingen
Printed in Germany · ISBN 3-423-02588-3

Diese Sonderausgabe wurde im Jahr 1952 unter dem Titel ›Qu'une Larme dans l'Océan‹ in Frankreich veröffentlicht. Sie gilt hier als kleines Meisterwerk, wurde verfilmt und errang einen ungewöhnlichen Erfolg. Manès Sperber hatte dies nicht vorausgesehen und vielleicht auch nicht gewollt. Diese in sich geschlossene Erzählung sollte nur ein bedeutendes Kapitel des dritten Bandes seiner Trilogie ›Wie eine Träne im Ozean‹ sein. Doch André Malraux, dem er das Manuskript zu lesen gab, empfand, daß diese Erzählung eine Eigenexistenz hatte, daß sie »vom schwermütigen Ton einer primitiven Poesie« getragen war und ein »privilegiertes Zusammentreffen schöpferischer Kräfte« darstellte. Er stand damals auf der Höhe seines Ruhms. Manès Sperber bewunderte ihn als Romancier und war ihm in Freundschaft ergeben. Er widerstand seinen Argumenten nicht.

So entstand ›Wolyna‹ als Sonderausgabe, bevor es im dritten Teil der Trilogie veröffentlicht wurde.

Vorwort

Mit demselben Vertrauen, mit dem ich seinerzeit festgestellt habe, daß der verkannte D. H. Lawrence und der unbekannte Faulkner die großen Schriftsteller sind, als die sie heute jeder kennt, schreibe ich, daß dieses Buch eines der ganz großen Bücher des jüdischen Volkes ist.

Wir wissen, daß sich Manès Sperber mit ›Der verbrannte Dornbusch‹ und ›Tiefer als der Abgrund‹ eine umfassende Trilogie vorgenommen hat, deren dritter Band, ›Die verlorene Bucht‹, bald erscheinen wird. Ich habe nicht die Absicht, ihn zu analysieren: dieser dritte Band (zu dem ›Wolyna‹ gehört) ist noch nicht erschienen; und die einfache Erzählung, die hier folgt, unterscheidet sich genauso deutlich von seiner komplizierten und auch etwas umständlichen Reichhaltigkeit, wie sich ›Manon Lescaut‹ von ›Les Memoires d'un Homme de Qualité‹ unterscheidet. Dennoch ist die Infragestellung der Ereignisse durch das, was über sie hinausgeht, dieselbe; Professor Stetten stellt die Fragen, die der Rabbiner Bynie an das Leben stellt, an die Vernunft, und das Gesamtwerk stellt beide gleichzeitig. Doch in dieser kurzen Erzählung hat sich eine Kristallisation vollzogen, die einem außergewöhnlichen Zusammentreffen schöpferischer

Kräfte entspringt und durch die die Sachverhalte Signifikanz erlangen und sich zu einer außerlogischen Relation verbinden, die nur der Kunst eigen ist. Ihre Welt, die der Wahrheit alles verdankt, kapselt sich ab; sie gewinnen dort ein Leben, das sie von sich aus nicht besessen haben, wie Worte, wenn die Poesie von ihnen Besitz ergreift. Alle schönen Werke können sich ein wenig auf den Zufall (früher sagte man: das Glück) verlassen, und man erkennt unschwer, warum Sperbers Ton hier aus tiefster Seele kommt. Trotz der Verschiebungen, die jede Übersetzung in sich birgt, ist der spröde Stil des Originals hinreichend getroffen (vor allem in der Szene, in der das Kind gesund wird), so daß auch sein etwas lineares Pathos und seine unmittelbare Dichte wiedergegeben werden; man darf sich nicht in seinem Wert irren, der darin besteht, die wesentliche Frage, die die Ereignisse in sich tragen, aus ihnen hervorgehen zu lassen.

Die systematische Ausrottung der Juden hat die kleinen Städte Ostpolens geleert – bis auf Wolyna. Obwohl die Wolynaer wissen, daß sie verloren sind, ermahnt sie der Zaddik, ihr mittelmäßiger wundertätiger Rabbi, zur Geduld. Rubin, ein Wiener Jude (die Leser kennen ihn aus ›Der verbrannte Dornbusch‹) fordert die wehrfähigen Männer auf, sich den Partisanen in den großen Wäldern anzuschließen. Nur achtundzwanzig Männer, darunter Bynie, der halbwüchsige Sohn des Rabbi, und Rubin stoßen zu der geheimen polnischen Armee unter dem Kommando von Graf Skarbek; der Zaddik und die übrigen werden ausgerottet.

Bynie ist von nun an der geistige Nachfolger seines Vaters, jedoch nicht mehr in der Gemeinde der armen Teppicherzeuger, sondern unter den Kämpfern. Rubins Gruppe vernichtet gemeinsam mit den Polen die ukrainische Milizeinheit, die ihre Verfolgung aufgenommen hat; aber kaum ist Skarbek fort, verlangen die Polen, daß ihnen die Juden die Waffen übergeben, die sie der Miliz abgenommen haben. Da der Konflikt am Sabbat ausbricht, erlaubt Bynie nicht, daß die Barrikaden errichtet werden, die seine Gefährten retten würden. Skarbek findet nur einige Überlebende vor, darunter Bynie und Rubin.

In dem Kloster, in dem er die beiden versteckt, verleiht die geheimnisvolle Macht, die aus dem jungen Geistlichen das Abbild des nach seinem eigenen Gesetz vergossenen Blutes macht, ihm beim Herannahen des Todes das unbesiegbare Merkmal der geopferten Kindheit: er nimmt die Krankheit der Kinder, die die Bauern, die vor allen »Männern Gottes« Ehrfurcht empfinden, vor seinen Todeskampf stoßen, auf sich und heilt sie. Und unter den Klängen der Jahrmarktsmusik, mit denen Warschau die Explosionen übertönen will, die das aufständige Getto zerschmettern, versuchen Rubin und Skarbek vergeblich, bevor sie wieder weiterziehen – der eine nach Palästina, der andere in den Krieg –, die vergessene Schrift zu entziffern, in der sich die Zeichen des Geistes und die Zeichen des Blutes vereinen.

Es handelt sich hier ebensowenig um jüdische Literatur wie bei Tagore um vedantische. Manès Sperber ist nicht durch den Glauben, sondern durch sein Erbe Jude, genauso wie ich Katholik bin; das Erbe verbindet diesen Agnostiker mit der Größe und den Schattenseiten, die von der Inkarnation einer großen Denkweise hinterlassen wurden. Doch diese Erzählung ist jüdisch, so wie ›Port Royal‹ von Montherlant christlich ist, nicht so wie ›Die Verkündigung Marias‹ katholisch ist. Sie strebt nur nach dem Universellen; es handelt sich nicht mehr um rationale Synkretismen, sondern um den wesentlichen Ausdruck der religiösen Erfahrung, die anscheinend heute die Agnostiker zur Relativierung der Götter führt.

Die Gestalt Bynies zeigt dies recht deutlich auf. Denken wir an den Starez Sosima, einen weiteren Mann Gottes. Es ist klar, daß Sosima kein Porträt ist: der wirkliche Starez hatte Dostojewskij seine mächtige Figur geliefert, aber Aljoscha zeigt uns, wie viele seiner eigenen Anschauungen der Schriftsteller in diese großartige Form gegossen hat. Bynie ist nicht der Darsteller einer wesentlichen Seite des Autors. Die Kenntnisse, die dieser von den heiligen Schriften Israels und der jüdischen Gemeinden in Mitteleuropa besitzt, erlauben ihm, eine autonome, überzeugende Persönlichkeit zu schaffen, deren Triebfeder nicht eine Wahrheit ist (wie bei Sosima), sondern Wertvorstellungen, deren Bedeutung in dem liegt, was sie in Frage stellen, nicht in dem, was sie verkünden.

Obwohl Bynie und Rubin unzertrennlich sind, sind sie keineswegs zwei Pole. Es handelt sich nicht um einen Konflikt zwischen Talmud und Tat: Bynies Wertvorstellungen stimmen nur halb mit denen der Wolynaer Gemeinde überein, und die Auseinandersetzung mit Rubins Wertvorstellungen wird beharrlich durch das fundamentale Mysterium bestimmt, das sie offenbart, so wie ein schmaler Vegetationsstreifen in der Wüste einen unterirdischen Wasserlauf offenbart. Sperber versucht, durch die aufeinander folgenden oder gleichzeitigen Erscheinungsformen, die der Einklang zwischen Mensch und Leben annimmt, das Vorhandensein des tiefen Wassers anzudeuten; er stellt dabei die Epochen, die er als Schichten der Menschheit sieht, einander gegenüber: weder die Wolynaer noch Rubin – und auch nicht Bynie, der aus einer älteren Epoche stammt als sie – gehören der gleichen Zeit an, und Rubin ist das Abendland, auch wenn dieses Abendland Tel Aviv heißt.

Die Mittel der Tragödie sind in diesem Buch so beharrlich vorhanden, daß man daraus ein ergreifendes Stück machen könnte, vorausgesetzt, daß es einem großen Regisseur gelingt, die Schlachten und den Wald erstehen zu lassen, für die sich das Theater schlecht eignet; und ganz bestimmt ergäbe es einen außergewöhnlichen Film. Aber dieser tragische Konflikt strebt weder den Sieg eines der gegnerischen Werte noch ihre Versöhnung an: er will das Vorhandensein eines Mysteriums aufzeigen, nicht die Lösung eines Rätsels bringen.

Daß der ehemalige Assistent Adlers eine Erzählung geschrieben hat, in der die Psychoanalyse eine unbedeutende Rolle spielt, stimmt nachdenklich. Manchmal ist der Umriß der Personen schwach (bei Rubin), manchmal deutlich (bei Bynie): Er

André Malraux, Manès und Jenka Sperber in Roquebrune an der Côte d'Azur, 1942

entspricht nicht dem Individuum. Bynie verfügt über die gesamte zweideutige Intensität der großen modernen Schöpfungen; aber seine Sprache drückt aus, was er erworben hat, die Anwesenheit des Ewigen in ihm; wenn er Künstler und kein junger Rabbiner wäre, würden wir sagen, daß er durch die Sprache seines Werks und nicht durch die seiner Person lebt. Charlus ist einmalig, irreduzibel auf jemand anderen und schöpft daraus sein Leben; Sosima ist ebenfalls einmalig, aber nicht auf die gleiche Art. Jeder weiß, wie weit das Individuum seit einigen Jahrzehnten verfallen ist; im Roman gereicht dies vielleicht weniger seiner Kollektivierung als seiner Vertiefung zum Vorteil.

Die Personen leben hier von der Signifikanz, die

sie annehmen. Die sie annehmen, aber nicht symbolisieren. Das gilt nicht nur für die Hauptdarsteller, sondern auch für die Statisten: die Wolynaer tragen die Jahrhunderte, in denen Wolyna gewachsen ist, in sich, so wie Bynie Gott in sich trägt. Daher kommt ihre seltsame Beziehung zur Geschichte, die Art, wie diese zu einer der handelnden Personen des Buchs wird. Sperber hat von Hegel die Zwangsvorstellung der begreifbaren Geschichte übernommen; seine ganze Erzählung ist jedoch eine Auflehnung gegen die Geschichte: eine Auflehnung, bei der die auf die Menschheit losgelassenen Kräfte ihre epische Bösartigkeit bewahren, wie die wahnsinnigen Amokläufer Malay-

siens; eine flüchtige Transzendenz versucht abwechselnd, diese Revolte zu ordnen und in das Absurde zurückzuweisen. Es wird deutlich, wie die Wolynaer Hitler sehen: das Ungeheuer Geschichte scheint mit der gleichen beängstigenden Absurdität durch die ewigen Wälder Polens zu streifen, in denen noch die letzten Überlebenden einiger prähistorischen Tiere vorhanden sind. Bynie ist mit einer Vergangenheit belastet, die er nicht so sehr fortsetzen als ihr gleichkommen will; Skarbeks Vergangenheit faßt ihn, läßt ihn los und faßt ihn wieder wie ein eigensinniger Traum; die Wolynaer sind nur Vergangenheit; nur Rubin gehört der Gegenwart an, die wie er ein Eindringling ist. Aber

die Verwurzelung in den Bräuchen oder im Geist ist hier genauso vergänglich wie das Vorbeifahren der Wagen. Die Wolynaer sind nicht davon überzeugt, daß sie einen Grund haben zu kämpfen, nicht einmal ihr Leben zu retten. In diesem manichäischen Buch steht die Geschichte im Dienst des Bösen, das in seinem ursprünglichen Mysterium wiedererschienen ist. Die älteste Etymologie des Wortes Satan ist nicht der Feind, sondern der Ankläger. Der Sinn der Welt (und nicht das Gute), der der Gegensatz des Bösen ist, ist hier nicht eigentlich vorhanden, sondern wird gesucht. Dort, wo das Haus des Rabbiners stand, werden vielleicht künftige Grabungen Hakenkreuze zutage fördern, zwischen denen sich die kleinen hebräischen Goldhände befinden. »Die Menschen dieser Zivilisation waren Besessene ...« Sie befinden sich auf der Suche nach einem Exorzismus, der die Dämonen vertreibt, ihnen jedoch nicht gestattet, die Seelen mit sich zu nehmen; auf der Suche nach dem, was sie sein werden, sobald sie erlöst sind. Doch man darf sich nicht irren: die Wolynaer sind elementar, nicht »fundamental«, und gehören nicht zu den bäuerlichen Gemeinschaften, die dem slawischen Roman ihre ewigen Weisheiten schenken. Ich behaupte nicht, ihre Rolle bestehe darin, in der demütigen Menschheit, durch die die Intellektuellen die Werte darzustellen pflegen, die sie verloren haben, die Infragestellung des Lebens durch sich selbst aufzuzeigen; aber ihre verlorenen Leben werden der Geißel gegenübergestellt wie Bynie dem Bewußtsein des Bösen.

Dieses Buch (und noch mehr das Gesamtwerk Sperbers) ist das Buch der mörderischen Wahrheiten. Sogar die augenscheinlichste Wahrheit, die Rubins, entreißt seine Gefährten nur dem Tod, um sie ihm auszuliefern. Wahrheiten, die zu Leidenschaften und zur Fatalität geworden sind. Ihre Verheerungen führen zu dem Wert, der sie nach Meinung des Autors ersetzen muß, es handelt sich dabei weder um Skepsis noch um Religion, aber vielleicht um menschliche Erfahrung, die sich zur Klarheit gewandelt hat, um die Vertiefung, die dem Leben die gleiche Dichte verleiht wie den Personen. Der Wert der Frage, die sie stellen, liegt jedoch nicht in der Formel, auf die man sie unnötigerweise reduzieren könnte, sondern in ihrer poetischen Kraft. Hamlet ist das geniale Epos einer banalen Frage ...

Denn jede Konfrontation zwischen dem Vergänglichen und dem Ewigen gehört der Poesie an. Es ist nicht der Stil, der sie in den Roman einführt, wie man um 1890 annahm. »Man macht Gedichte mit Worten, nicht mit Ideen«, sagte Mallarmé zu Degas; wenn der Roman zum Nachfolger des tragischen Epos, nicht der Poesie, der Staffelei wird, dann geschieht dies weder durch Worte im Sinn Mallarmés noch durch Ideen. Sondern offensichtlich durch eine Konfrontation des Menschen mit dem Universum durch seine Handlungen, eine Konfrontation, die untrennbar mit dem Genie Äschylos' und Shakespeares verbunden ist; sie erfolgt vor allem durch Fragen, wofür es Präzedenzfälle in anderen Kunstgattungen gibt. Beinahe alle Meister der Renaissance: Shakespeare, Cervantes, Rabelais (sogar als letzter Michelangelo ...) sind rätselhaft, und die Dunkelheit jedes einzelnen von ihnen ist Frage.

Unsere Zivilisation, die sowohl in ihrer Wissenschaft wie in ihrem Denken auf Fragen beruht, beginnt, in der lauten Formulierung der Frage eine ihrer geheimen Stimmen zu entdecken. Diese findet in der ganzen Welt ihre simultanen Formen, wie die christliche Behauptung die ihren in der mittelalterlichen Welt fand: von Tolstoi und Dostojewskij bis zu Proust, Joyce und Faulkner besteht eine der tiefreichendsten Strömungen des westlichen Romans aus den Schicksalsfragen. Balzac, Goethe in seinen Romanen, Dickens, Flaubert hatten sie kaum erst geahnt. Sie sind indirekt und unausgesprochen und gehören der Poesie und nicht der Philosophie an. Ich habe gehört, wie Gorkij sagte, daß Dostojewskij der größte Dichter seit Shakespeare sei. Er mochte ihn überhaupt nicht; wenn Myschkin und Rogoschin bei Nastassja Totenwache halten, hörte er darin den Widerhall von ›Macbeth‹. Jedesmal, wenn wir in einigen der heutigen Romane erleben, daß das menschliche Bewußtsein ewig über die bedrohliche Geschichte hinausgetrieben wird, so wie Fürst Andreas auf dem nächtlichen Schlachtfeld von Austerlitz die Wolken über eine kleine, berühmte Gestalt hinwegtreiben sah, verleiht ihnen dieser Widerhall den ernsten Klang der ursprünglichen Epen.

André Malraux

Erstes Kapitel

Die Uhr lag nicht unter dem Kissen, er fand sie auch nicht auf dem Nachttisch. Die Helligkeit, die durch den schmalen Spalt der Vorhänge ins Zimmer drang, mochte vom späten Mond herrühren, gewiß vom Schnee. Oder es war schon Tag, und Roman hatte wieder verschlafen. Er fand das Feuerzeug, es gab nur ein winziges Licht, er konnte die Zeit von der Standuhr an der Wand gegenüber nicht ablesen, es warf ein rötliches Licht auf die runden Schultern, den vollen Rücken der Frau. Sie hob die Hand, wie um etwas zu verscheuchen, murmelte und schlief weiter.

Daß man sich mit Met so besaufen kann! Von dieser Jadwiga werde ich nur den Rücken in der Erinnerung behalten, dachte er, und ihre schlecht verhüllte Angst und das unentwirrbare Gemisch von Wahrheit und Lüge in allem, was sie erzählt. Aufstehen, die Uhr finden, Vorhänge wegziehen, einheizen, das Radio einschalten. Sie müssen die Botschaft wenigstens noch zweimal wiederholen, also nichts versäumt. Oder liegenbleiben und den Rücken vergewaltigen. Und nachher soll die Künstlerin Jadwiga aufstehen, Feuer machen, Frühstück, das Zimmer in Ordnung bringen. Alles hängt davon ab, wie spät es ist. Also doch erst mal 'raus aus dem Bett!

Nun stand Roman vor dem Fenster, zog die Vorhänge auseinander. Ja, das war der abnehmende Mond. Eine schlecht befestigte halbe Scheibe. Unecht. Das große Licht kam von unten, vom Schnee.

»Wach auf, Jadwiga, komm, die Allee ist noch nie so schön gewesen!«

Sie fuhr erst bei den letzten Worten auf, war verschreckt, sah ihn verständnislos an. »Was«, fragte sie, »wer ist da?«

»Der Winter, der Schnee, der Mond, du, Jadwiga, und ich, Roman.«

»Wie spät ist es denn jetzt? Und warum weckst du mich, wenn ich mich endlich ausschlafen kann?«

Er hatte inzwischen die Uhr gefunden, es war 5 Uhr 14, in einer Minute begann die Sendung, die die Wiederholung der Botschaft bringen mußte. Er zündete die Kerze auf dem Tisch an, schaltete den Apparat ein.

»Verrückt, jetzt Radio zu hören!« meinte sie. »Jetzt schläft man.«

Erst gegen Ende kam die Nachricht, die ihn betraf. Sie war enttäuschend. Der dümmliche Codesatz besagte, daß die Reise des Delegierten wieder aufgeschoben war. In den nächsten Tagen würde präzisere Nachricht folgen.

Jadwiga setzte sich auf und rief ärgerlich: »Ich sag's zum letztenmal, ich will schlafen, nicht Radio hören.«

Warum sagte sie es erst jetzt, nachdem die Botschaften durchgegeben sind? Vielleicht sollte ich ihr mißtrauen, erwog Roman. »Ich suche Musik«, antwortete er, »aber die reden ohne Aufhören. Ich warte noch fünf Minuten, dann drehe ich ab. Jetzt aber komm endlich ans Fenster.«

Sie weigerte sich. Er zog sie mit einem Ruck aus dem Bett, sie wehrte sich, aber unvermittelt wurde ihre Stimme zärtlich, sie schmiegte sich an ihn an. Sie hatte Angst. Wovor, fragte er sich. Er faßte sie um die Taille und sagte:

»Ist die Allee nicht schön? Als ich klein war, stieg sie bis zum Hügel hinauf, oben, wo du die kleine Kapelle siehst, und auf der anderen Seite hinunter bis zum Fluß. Immer habe ich auf den Schnee gewartet, weil ich mich nach der Reinheit sehnte, verstehst du das, Jadwiga?«

Sie fror im Hemd, zitterte. Zuerst sollte sie antworten, dann würde er sie ins Bett zurückbringen.

»Jemand steht auf dem Hügel neben der Kapelle. Er hat ein Pferd am Halfter. Er blickt zu uns herüber«, sagte sie unruhig.

»Er kann uns nicht sehen. Es wäre leicht, ihn abzuschießen. Soll ich das Gewehr holen?«

»Ich will ins Bett zurück, verhäng das Fenster, schlafen wir, es ist Nacht.«

Ja, sie hatte Angst vor ihm, vor dem Mann auf dem Hügel, vielleicht sogar vor dem Schnee. Er kannte sie erst seit zwei Tagen. Zeit genug, um mit ihrem »Schicksal« bekannt zu werden. Ihn interessierten aber nicht die Schicksale, sondern nur Geschichten, kurze Anekdoten, deren Helden auswechselbar sein sollten. Was einer war, das sah man ihm an, und was einer tat, war nicht so wichtig. Alles war vorbestimmt, unaufhaltsam folgte der Fluß seinem Gefälle, die Mäander änderten nichts daran, aber sie waren manchmal hübsch anzusehen.

Der vierunddreißigjährige Roman Skarbek fragte sich selten, warum er dies und nicht jenes tat. War dem Impuls des Augenblicks zu folgen nicht vernünftig? Die dem eigenen Impuls mißtrauten, waren nicht glücklicher, ihr Leben nicht weiser, nur komplizierter. Seine Mutter hatte jeden Schritt stets reiflich überlegt – eine zielbewußte Dame, auch jetzt noch mit ihren zweiundsechzig Jahren. Deshalb hatte sie den fünfzehn Jahre älteren Stanislaus Skarbek geheiratet. Einen idealen Gatten wollte sie aus ihm machen. Dann schoß er sich die Kugel ins Herz. Nun lebte sie in der Stadt, in der Nähe der tyrannisch geliebten Tochter und der Enkel. Noch immer dirigierte sie alles. Selbst den Sohn, der einmal in zehn Tagen zu ihr kam, glaubte sie noch zu lenken, sein »gutes, aber gleichgültiges« Herz langsam ummodeln und ihn bald verheiraten zu müssen. Der Feind war im Lande, jeder spürte seinen würgenden Griff, aber Frau Skarbek blieb eingesponnen in ihre eigenen Pläne wie eine Spinne in ihr Netz.

Roman lebte ohne Plan, er improvisierte – das warf ihm die Mutter vor. Vor zwei Tagen hatte er Jadwiga bei einer jungen Witwe getroffen, die sich gar zu geschickt durchschlug, sie kaufte und verkaufte alles unter der Hand. Roman war ihr Kunde. Sie verwandelte für ihn die letzten Reste seiner beweglichen Habe in Geld und in Waren. Sie wäre die Mätresse eines hohen Gestapobeamten, hieß es von ihr, und gleichzeitig eine verläßliche Patriotin. Am Abend war ihr Haus ein kleines Kasino und eine Herberge, denn in der Nacht durfte man sich nicht auf der Straße zeigen. Gegen Morgen nahm Roman die hübsche Jadwiga mit, die erst vor kurzem aus der Hauptstadt gekommen war. Nur einige Minuten Schlittenfahrt wollte sie in der scharfen, reinen Winterluft genießen, sagte sie. Aber sie ließ sich leicht überreden, ins alte Schloß mitzukommen.

Eine melodramatische Improvisation, diese Jadwiga, dachte er, während er sich zu Bett legte. Jusek wird sie in die Stadt zurückbringen. Ab achtzehn Uhr wird es mir völlig unwichtig sein, weswegen sie so ängstlich ist.

»Du liebst mich nicht«, sagte sie träge.

»Und was müßte ich jetzt tun, wenn ich dich liebte?«

Sie antwortete nicht. Vielleicht ist sie doch ein Spitzel. Eigentlich meine Pflicht, es festzustellen, sagte sich Roman. Er fragte:

»Nicht wahr, du kommst aus Warschau?«

»Nein, das sag' ich nur aus bestimmten Gründen.«

»Aha, da will ich nicht indiskret sein.«

»Es ist ein Glück für eine anständige Frau, einen so diskreten Geliebten zu haben«, erwiderte sie und vergrub den Kopf ins Kissen.

Er erhob sich und ging ans Fenster. Der Mann war noch immer auf dem Hügel. Die Leute von der Wache hatten ihn gewiß bemerkt und beobachteten ihn. Kein Deutscher, er wäre nicht allein. Vielleicht ein eigener, einer von der Delegation? Warum sollte er zu so unmöglicher Stunde kommen? Nun stieg der Mann aufs Pferd und ritt die Allee hinunter – kein geübter Reiter. Er brachte plötzlich, zu gewaltsam, das Tier zum Stehen, wandte sich um, verschwand hinter dem Hügel. Da sprengte einer der Eigenen vor, ritt ihm nach. Roman wartete auf seine Rückkehr, öffnete das Fenster und fragte:

»Wer war es?«

»Ein Fremder. Er hat die Straße nach Wolyna genommen. Vielleicht ein Offizier, aber er reitet nicht gut, ein Hurensohn, hat eine Pelzmütze auf dem Kopf gehabt.«

»Mach das Fenster zu, es dringt eine furchtbare Kälte herein«, rief Jadwiga.

»Vor der Kälte fürchtest du dich also auch?« fragte er.

»Ja. Aber weniger als vor den Menschen. Die tun mir nur Böses.«

Das konnte sich auf einen untreuen Gatten beziehen, auf einen Geliebten, der ihr nicht genug Geld gab, oder auf Krieg, Besatzung, Verfolgungen. Er versprach ihr, daß sie ungestört werde schlafen können, verließ das Zimmer und ging hinunter. Etwas mußte sofort unternommen werden, um herauszufinden, was für eine Bewandtnis es mit dem fremden Reiter hatte.

Die lange Geschichte des alten jüdischen Städtchens Wolyna blieb ungeschrieben, sie wurde von Geschlecht zu Geschlecht mündlich überliefert. So kannte kaum einer die genauen Daten, jeder aber die Geschehnisse, deren Wirkung im übrigen gegenwärtig geblieben war: Von Kriegen, Aufständen, Pogromen, Epidemien, vernichtenden Bränden waren Spuren zurückgeblieben, die niemand verwischen wollte. Es gab Grabsteine mitten in der Stadt, genau an der Stelle auf dem Markte, an der Glaubensmärtyrer ihren Tod gefunden hatten, Männer, Frauen und Kinder; es gab einen ganz alten Friedhof auf dem westlichen Hügel, die Grabsteine waren tief in die Erde eingesunken, die Inschriften auf ihnen schwer entzifferbar. Aber die Wolynaer fühlten sich auch mit jenen Toten verbunden, deren Namen bis zur Unkenntlichkeit verblichen waren. Es gab den Pestfriedhof in der Nähe des Flusses und den neuen am Rande des Waldes, neben dem Sägewerk. Wenn es galt, über große Not zu klagen oder drohende Gefahren abzuwenden, ging man die Toten »bemühen«, sie waren die verläßlichsten Fürsprecher beim Allmächtigen. Die Wolynaer, von alters her in der Mehrheit Teppichknüpfer, deren gründliche Arbeit alle Welt rühmte, ließen keine Möglichkeit ungenutzt: Sie gingen auf alle drei Friedhöfe, und sie versammelten sich zuletzt noch vor den Grabsteinen der Märtyrer. Sie fürchteten den Tod, aber sie liebten die Toten. Ihres Beistandes waren sie immer sicher.

Die Kunst des Teppichknüpfens hatten sie aus einem anderen, fernen Exil mitgebracht. Aber erst in der neuen Heimat, hieß es, war das Geigenspiel bei ihnen allgemein geworden. In jedem Haus gab es wenigstens einen Violinisten. In jedem guten Orchester in der Welt spielt wenigstens ein Wolynaer, rühmte sich das Städtchen, das so viele Söhne in die Ferne hinausgeschickt hatte. Vor allem Geiger, aber auch Mathematiker waren unter ihnen und ein berühmter Rechtsgelehrter, dessen Urteil man im Streit der Völker anrief. Und ein Architekt, der Wolkenkratzer baute.

Ein reizloses, unordentliches, nicht sehr sauberes jüdisches Städtchen, wie es deren Hunderte in diesem Lande gab, dieses Wolyna mit seinen 3487 Seelen. Aber dennoch ganz anders als die anderen, wiederholten die Leute. Und sie meinten: In allen Dingen, Geschehnissen und Verhältnissen gibt es außer der offenbaren eine geheime Bedeutung, die wahrhafte. Sie wird dem faßbar, der die Zeichen zu entdecken und zu deuten versteht. Das lernten sie schon als Kinder, und daher dachten sie: Teppichknüpfen ist ein Handwerk wie jedes andere, nützlich, um Brot für die Kinder zu verdienen und Schulgeld und was man sonst noch unbedingt braucht, ein Handwerk und dennoch mehr als das, anderes – voller Zeichen, die den Nachdenklichen zur Tiefe hinlenken, zum wahren Sinn des Lebens.

Oder zum Beispiel unser Geigenspiel, sagten die Wolynaer. Die Welt ist voller Töne. Ein Ding fällt ins Wasser oder das Holz dehnt sich – Töne. Aber Musik, das sind die Töne in Gottes Ordnung, die hörbaren Zeichen Seiner Mathematik, die unaussprechlich sind wie Sein Name, geheiligt sei Er und gesegnet. Kein Zweifel. Er hatte Besonderes mit ihnen vor. Aber Sein Atem war lang. Sein Zeitmaß nicht menschlich. Und inzwischen ging es schlecht, schon seit Jahren, und wurde immer schlechter, denn in der großen Welt gab es auf einmal Maschinen für alles, auch um Teppiche zu fabrizieren. Wolyna hätte verhungern müssen, aber es gab, Gott sei Dank, die Post. Sie brachte

Geldsendungen von den Söhnen und Neffen draußen. Im ersten Weltkrieg wurde das Städtchen mehrere Male vom Feind besetzt. Die Post funktionierte nicht, aber man kam kaum dazu, über den Mangel zu klagen. Epidemien brachen aus, die ein Fünftel der Einwohner hinrafften. Es gab Bombardements – Wolyna war ein Brückenkopf –, die hölzernen Häuser gingen in Flammen auf. Die Not war grenzenlos. Allen war es damals gewiß, daß die Zeit der großen Wunder nahe sein mußte – wer weiß, mit dem nächsten Sonnenaufgang mochte der Messias herniedersteigen. Dann aber erwies es sich, daß die Zeit noch nicht ganz reif war. Kaiserreiche fielen zwar in Trümmer, neue Mächte entdeckten sich der Welt – das alles hatte gewiß eine Bedeutung, aber die Verheißung war nicht eindeutig.

Wolyna war nun polnisch. Die Hallerczyki, die Soldaten des Generals Haller, zogen triumphierend durch, sie töteten nur wenige der Einwohner. Die meisten Verwundeten blieben leben. Der Graf Stanislaus Skarbek war rechtzeitig herübergekommen, hatte eingegriffen, alle Offiziere zu sich aufs Schloß geladen und die Soldaten in die Dörfer schicken lassen.

Dann gab es wieder Krieg, die Polen zogen gegen Kiew, die Russen bis vor Warschau, aber schließlich kam doch der Friede. Man konnte die Teppiche leicht absetzen, aber das Geld war jeden

Tag weniger wert. Die Wolynaer, die leicht aus dem Pathos in die Ironie, aus der Klage in die Selbstverspottung hinüberwechselten, zitierten: »Böten wir Kerzen feil, die Sonne würde nicht mehr untergehen; webten wir Leichentücher, niemand würde mehr sterben. Hat das Geld Wert, kommt es nicht zu uns, ist es bei uns, hat es keinen Wert.«

Aber, Gott sei Dank, die Post funktionierte wieder.

Die neuen Verfolgungen, Gefahren und Hoffnungen waren nur neu dem Namen nach. Selbst die Kinder wußten es, daß die Geschichte der Diaspora nichts anderes war als eine fortgesetzte Wiederholung der Josephsgeschichte: Es gab gute Pharaonen und es gab schlechte, deren Gedächtnis nichts behielt, die handelten, als ob sie Joseph nicht kannten. Das lernte man im zweiten Buch Mosis, zumindest einmal im Jahr. Wir lernen, sagten die Wolynaer, und haben keine Macht, die aber Macht haben, die lernen nicht.

Da stand ein Mann auf in Deutschland, auf den hörten immer mehr Menschen. Er hieß Hitler, war niemand anderer als jener Haman, den man so gut aus der Chronik Esther kannte. Und eines Tages machten die Deutschen aus diesem Hitler einen Kaiser. Gott allein wußte, warum Er die Hamans in die Welt schickte, man durfte Ihn nicht anklagen. Er war gerecht, denn versagte Er zwar dem

Übel nicht die Erscheinung, so gewährte Er ihm doch nie die Dauer. In allem kam es aber nur auf die Dauer an.

Die Wolynaer zweifelten nicht an ihrer eigenen Dauer, bis der Krieg kam und Hitlers Armeen ins Land einbrachen. Die Ausrottung begann, aber keiner vermochte wirklich an sie zu glauben.

»Wolyna ist ein besonderer Fall. Ihr könnt euch alle retten«, wiederholte unermüdlich die frühere Hebamme Fräulein Maria Muszinska, die Geliebte des Platzkommandanten Böhle. »Der Herr Kommandant wünscht, daß ihr als einmalige Steuer alle Teppiche abliefert, dann wird er euch vergessen.«

Die »Aktion«, so hieß die systematische Ausrottung der Juden, hatte schon vor Monaten begonnen. Von den achtzehn Städtchen des Bezirks bestand nur noch Wolyna. Die jüdischen Einwohner die siebzehn anderen waren nicht mehr: Ein Teil in den Synagogen versammelt und niedergemetzelt oder verbrannt, ein anderer nach den Vernichtungszentren abtransportiert. Nur einzelne von ihnen hatten sich rechtzeitig in das Städtchen der Teppichknüpfer und Geigenspieler gerettet. Sie scharten sich um den chassidischen Rabbi, dessen Urgroßväter schon Tausende von Gläubigen angezogen hatten, die an Wunder glauben wollten und an Heiligkeit.

Der Rabbi – man nannte ihn gewöhnlich Zaddik, den Gerechten, oder auch den Wolynaer –

riet, Böhle alles zu geben, was er durch den Mund seines Kebsweibes verlangte.

»Man muß«, sagte er, »unterscheiden zwischen jenen, die gehen und kommen einerseits, und jenen, die kommen und gehen andererseits. Die letzteren wollen alles auf einmal haben, denn sie wissen, daß es ihr Geschick ist, nicht zu bleiben.«

Und der Rabbi zitierte viele heilige Sprüche, um zu beweisen, daß das Wort »bleiben« eine tiefe Bedeutung hatte, die wie die Wurzeln eines alten Baumes weithin reichte: bis zur Gerechtigkeit und bis zur Gnade im Leiden. Nur scheinbar schweifte er ab, wenn er im erhabenen Spiel mit Worten und mit dem Ziffernwert der Buchstaben, aus denen sie zusammengesetzt waren, sich bis zur trostreichen Deutung verlor, daß Leiden und Bleiben zusammengehörten, daß sich aus ihrer Differenz wieder ein anderes Wort bilden ließ, das war: Gnade.

Als die Wolynaer die Teppiche abgeliefert hatten, auch die alten, die sie wert gehalten hatten wie Vermächtnisse, erklärte die Hebamme, daß sie sich nunmehr als Arbeiter im Dienst des Reiches anzusehen und immer mehr und mehr zu arbeiten hätten, um den gnädig gestimmten Beschützer nicht zu enttäuschen. Es war Krieg, selbst die siegreichen Deutschen arbeiteten ohne Unterlaß, Hitler brauchte alles in riesigen Mengen, auch Wolynaer Teppiche.

Einige Zeit später erklärte der Kommandant, er

sei enttäuscht. Er ließ fünfzig junge Menschen abtransportieren und verlangte für die neue Woche die doppelte Leistung, außerdem als Provision für die Hebamme alles Gold und Silber.

Aber er war immer noch enttäuscht, wie seine Freundin bedauernd erklärte, und kürzte die Lebensmittelration auf die Hälfte. Überdies verschickte er hundertfünfundsiebzig Männer, Frauen und Kinder.

Wie sehr auch diese Maria Muszinska die »besondere Rolle« ihres großen Freundes rühmen mochte, es wurde offenbar, daß er die Wolynaer nicht mehr lange würde ausbeuten und so vor der Vernichtung schützen können.

»Es ist ein Spiel des Frevlers oder der Katze mit der Maus«, sagte Jechiel, der Führer der Gemeinde. »Besser, wir hauen uns die Hände ab, als daß wir weiterhin für ihn arbeiten. Besser, wir zünden unsere Häuser an, als daß wir dank der Gnade des Henkers in ihnen bleiben. Es ist Zeit, Rabbi. Was mit den anderen geschehen ist, wird auch mit uns geschehen.«

»Wo ist die Vernunft in deinen Worten, Jechiel?« fragte der Zaddik. »Solange die Katze noch spielen will, ist die Maus nicht verloren. Wenn leben dulden ist, wer darf die Geduld verlieren? Aber die Katze hat Angst vor dem größeren Tier. Wer weiß, vielleicht will auch dieses spielen. So muß man dem höheren Kommandanten in der Bezirkshauptstadt, diesem Frevler Kutschera, zu verstehen geben, daß er schnell reich werden kann mit dem Werk eurer Hände, die du Narr abhacken willst. Gott vergebe dir die Sünde.«

Ein junger Mann trat vor und sagte:

»Es heißt, daß es in den Wäldern Männer gibt mit Waffen. Auch sie waren Mäuse, nun sind sie Wölfe. Warum sollten wir nicht werden wie sie?«

Der Rabbi beugte sich über den Folianten, las halblaut einige Worte, schloß die Augen und wiegte den Kopf hin und her. Nun hätten ihn die Männer verlassen sollen, aber diesmal wollten sie den Wink nicht verstehen. Jechiel brach das Schweigen:

»Vergebt mir, Rabbi, ich bin's nicht wert, Eure Gedanken zu stören. Aber welcher Lehrer dürfte die Jungen ohne Antwort lassen, wenn sie nach einem Weg suchen? Würde er sich denn dann nicht mit ihren Sünden belasten? Was soll man tun, Zaddik?«

»Den fremden Juden sollt ihr mir bringen! Der Neunte bin ich, der in diesem Stuhl sitzt. Die vor mir waren – das Gedenken der Gerechten sei gesegnet –, haben Geschlechtern und Geschlechtern den Weg gezeigt, sie gelehrt zu unterscheiden, was die wahre und was die falsche Tiefe ist, was ein Weg ist und was – Gott behüte! – ein Abweg. Ihr habt schnell vergessen, was meine Väter eure Väter gelehrt haben. Ein Fremder erscheint, ein Abgesandter des Abgrunds, er hat sein Weib verloren, seine Kinder, sagt er, und hat die Vernichter am Werk gesehen, behauptet er. Er haßt unsere Feinde, das glaubt er, und ist doch ihnen, nicht uns nahe, das weiß ich. Als er hier ankam in jener Freitagnacht, da wußte er nicht einmal, daß er den Sabbat entheiligte. Die Gewänder des Feindes trug er an seinem Leibe –«

»Verzeiht, Rabbi, ich bin nicht wert, Euch zu unterbrechen, aber das ist alles seit langem aufgeklärt: warum er die deutsche Uniform angezogen hat, warum er gerade zu uns gekommen ist, warum –«

»Er soll kommen«, schnitt ihm der Rabbi das Wort ab. Und dann zu Sorach, einem uralten Mann, gewandt, fügte er hinzu: »Der Tor starrt in den Brunnen hinunter, den Himmel und die Gestirne selbst, nicht aber ihren Widerschein glaubt er darin zu entdecken. Du, nimm einen Kieselstein und wirf ihn ins Wasser – und des Toren Himmel wird auseinanderspritzen. Dann erst wird der vernarrte Mensch den Kopf heben, den wirklichen Himmel erblicken und einsehen, daß der Abgrund ein Abgrund ist und daß der Himmel immer über dem Menschen und nie unter ihm ist. Es ist Zeit, daß ich den Stein werfe.«

Der alte Sorach sagte:

»Hier an der Tür wirst du stehenbleiben, Fremder, aber am Vorhang wirst du dich nicht anhalten. Wenn man dir winken wird, näher zu kommen, wirst du einen Schritt tun und vielleicht noch einen, aber nicht mehr. Fragt man dich, antworte nicht sofort, damit sich deine Worte nicht mit den Worten des Zaddik vermischen. Und keinen Augenblick sollst du vergessen, vor wem du stehst, und mit jedem Atemzug sollst du denken, daß er noch mehr ist, als er ist, denn seine großen Ahnen stehen ihm bei. Sie tragen ihn auf ihren Schultern. Und nun sag mir, wie du dich nennst.«

»Eduard Rubin.«

»Eduard ist kein Name. Und dein Vater?«

»Moritz Rubin hat er geheißen, er ist schon lange tot.«

»So werde ich sagen, du heißt Ephraim ben Mosche aus dem Hause Rëuben.«

Der Saal war geheizt, stellte Edi mit Staunen fest. Vom Kachelofen, der bis an den Plafond reichte, ging eine Gluthitze aus.

»Kein Haus ist geheizt in Wolyna«, sagte Edi. »In Stuben mit Kindern, mit Kranken ist es so kalt, daß es wie Dampf aufsteigt, wenn man den Mund öffnet. Hier aber gibt es genug Kohle, der Saal ist überheizt.«

»Willst du denn, daß der Gerechte frieren soll?«

»Wie alle anderen, gewiß. Wie alle jene, die Tag und Nacht mit klammen Fingern arbeiten.«

Der rote Vorhang am anderen Ende des Raumes

wurde beiseite geschoben. Zwei Alte traten vor, ihnen folgte ein mittelgroßer, dicklicher Mann, der an die vierzig sein mochte oder jünger. Er trug einen buntgestreiften, schweren seidenen Kaftan, der ihm bis zu den Knöcheln reichte, auf dem kahlgeschorenen Kopf eine runde weiße Mütze. Die blonden Schläfenlocken schienen kunstvoll geringelt.

»Man wünscht, allein zu sein mit Ephraim ben Mosche aus dem Hause Rëuben, dem Fremden aus der heiligen Märtyrergemeinde Wien!« rief Sorach laut aus, als ob seine Mitteilung einer Menge gälte. »Der Sohn aber soll bleiben!« fügte er schnell hinzu. Er hatte einen Wink des Rabbi aufgefangen.

Edi drehte sich erstaunt um und entdeckte hinter einem einfachen Pult einen etwa sechzehnjährigen Jungen, dessen Kopf sich so tief über einen Folianten beugte, daß nur eine weiße hohe Stirn und schwarze Schläfenlocken von ihm sichtbar waren. Als sich Edi von ihm abwandte, sah er, wie die Vorhänge zugezogen wurden. Die alten Männer waren verschwunden.

»Wissen Sie, Dr. Rubin, warum der alte Sorach Ihre Heimatstadt eine heilige Märtyrergemeinde nennt?« fragte der Rabbi, ohne von seinem Buch aufzublicken. »Vor fünfhundertzwanzig Jahren hat man die Juden aus Wien ausgetrieben. Noch wußte man nicht, wohin man sie abschieben sollte. Man hatte ihnen alles abgenommen, man wartete auf die Erlaubnis, sie zu töten. Die Juden verhungerten in den kleinen Ruderbooten, mitten in ihrer Stadt. So vergingen einige Tage. Da kam der Sonntag. Die Christen spazierten die Ufer der Donau entlang, um sich am Anblick der Ausgestoßenen zu weiden. Ein findiger Bäcker brachte vertrocknete Brotlaibe und verkaufte sie billig an die Gaffer. Die Christen warfen die harten Brote auf die Verhungernden, sie zielten auf die Köpfe. Boote wurden zum Kentern gebracht, ihre Insassen ertranken. Aber nicht alle kamen um. Die Überlebenden gründeten an anderen Orten neue Gemeinden. Und später kamen Enkel der Vertriebenen und der Ertränkten zurück, aber seither nennen wir Wien *Kehillah kedoschah*, die Heilige Gemeinde. Sie sind ein gelehrter Mann, haben Sie das gewußt?«

»Nein«, antwortete Edi. »Oder vielleicht habe ich es einmal gewußt und wieder vergessen. Ich habe mich wenig für jüdische Geschichte interessiert.«

»Aber das Gleichnis verstehen Sie doch: In der Hand der Christen ist das Brot, das sie den Verhungernden zuwarfen, zur Waffe geworden. Der Allmächtige hätte den Unschuldigen die Speise gegönnt, aber er durfte den Schuldigen nicht die Gunst gewähren, eine gute Tat zu tun.«

»Um das verwirrende Handeln der Menschen zu verstehen, braucht man vielleicht Dialektik, die

Taten Gottes aber sollten einfach sein, ohne Gleichnis. Er soll uns keine Rätsel aufgeben!« sagte Edi unwirsch. Er war entschlossen, sich einen von den vielen Stühlen, die um den langen Tisch und die Wand entlang standen, zu holen, wenn dieser zu gut genährte, blonde Rabbi mit den himmelblauen Augen ihn nicht sofort zum Sitzen einlud.

»Dialektik, was ist das?« fragte der Rabbi und sah zum Sohn hinüber.

»Setzt euch, Herr!« sagte der Junge. Er brachte Edi einen Stuhl, ging zum Pult zurück und erklärte, ohne den Vater anzusehen: »Ihr wißt, Rabbi, was Dialektik ist. Aber die Weisen der anderen Völker haben nur auf Aristoteles gehört, und deshalb haben sie nur die Hälfte der Wahrheit erfaßt. Daß die Einheit in Gegensätze aufbricht, daß die Gegensätze sich zur Einheit verbinden, das ist selbstverständlich, weil Gott alles Sein ist, und weil Gottes Sein eine ungestörte Ruhe im Raum und gleichzeitig eine unendliche Bewegung in der Zeit ist. Die anderen haben nicht erkannt, daß Gott sowohl das Rätsel als auch aller Rätsel Lösung ist. Und das ist Dialektik.«

Der Vater wiegte den Kopf langsam hin und her, während er mit der Linken die Augen abzuschatten schien, als müßte er sie vor einem zu starken Licht schützen. Nach einer Weile meinte er:

»Was brauchen wir aber dann das ionische Wort

Dialektik? Und warum glaubt der Fremde, daß das Geheimnis beim Menschen ist, der Allmächtige aber keine Rätsel aufgeben soll?«

»Weil er den Schöpfer der Welt nach dem Ebenbild dessen formt, der er selber sein möchte«, antwortete der Junge schnell.

»Das Geheimnis von den Broten haben Sie also nicht erfaßt, Dr. Rubin«, begann der Rabbi wieder, »nicht einmal das! Wie können Sie dann glauben, daß Sie verstehen, was jetzt vorgeht?«

»Eben, weil es sich um Vorgänge, nicht um rabbinische Gleichnisse handelt«, erwiderte Edi.

Der Vater und der Sohn lachten. Nicht zu laut, auch nicht spöttisch, sondern wie erheitert durch das vorschnelle, törichte Wort eines Kindes, dem man leicht verzeiht. Was sie dann einander sagten, in einem schwer verständlichen Jiddisch, und die hebräischen und aramäischen Zitate, mit denen sie ihre Auffassungen belegten, all das hörte er kaum an. Kein Vorgang, keine Tat, meinten sie, ohne einen Willen, der sie vorgeformt hat. Alles Geschehen ist eine von vielen Äußerungsformen eines einzigen, des göttlichen Willens.

Edi starrte unverwandt den Jungen an, seine länglichen, dunklen Augen, deren Glanz bewegend war und betörend. Zum zweitenmal in seinem Leben überwältigte ihn der Eindruck, in einem Unbekannten einem Vergessenen zu begegnen. Das erstemal geschah es ihm, als er in einer elenden Prager Stube einer Frau gegenübersaß, der er die Nachricht brachte, daß ihr Mann im Bürgerkrieg gefallen war. Wie damals fühlte er auch jetzt in bedrängender Weise, daß er ein zweites Gedächtnis haben mochte, darin das Geheimnis, aber nicht seine Lösung aufbewahrt war.

»Es ist aber ein Sinn darin, daß er gekommen ist. Jeder Fremde ist ein Gesandter, denn er bringt eine Botschaft, auch wenn er davon nichts weiß. Welche Botschaft bringt Ihr, Herr?« fragte der Junge auf deutsch.

»Und sagt, woher Ihr kommt«, fiel der Rabbi ein, »und warum gerade in dieses Städtchen und warum in der Uniform eines deutschen Offiziers. Und wenn Ihr denkt, daß Ihr unglücklicher seid als andere, sagt, durch wessen Schuld.«

Dem Jungen zugewandt, erzählte Edi, was ihm zugestoßen war seit jenem Augenblick – im August 1942 –, da er erfuhr, daß man gekommen war, ihn zu suchen, und seine Frau und das Kind und noch ein anderes weggeholt und durch ganz Frankreich und Deutschland bis nach Polen verschleppt hatte, um sie zu vergasen.

Einige Sätze würden genügen, das Wesentliche mitzuteilen, sagte er. Vielleicht war es die Art, wie der Knabe ihm lauschte, das Bedürfnis, sich endlich aufzuschließen und die Klage laut werden zu lassen, die er seit Monaten stumm in sich trug – alles mußte er nun sagen, wie er sich selbst wiederholt hatte in den vielen Tagen und Nächten seiner Wanderung, seiner kühnen Unternehmungen, deren keine gelang. Seinethalben und an seiner Stelle, weil er sich in den Bergen versteckt hielt, hatte man die Frau genommen, die keine Jüdin war, ihren Sohn und einen kleinen Jungen, einen verwaisten Christen, dessen sich ein Freund zuvor angenommen hatte. Kaum war die Nachricht zu ihm gedrungen, war er in die Stadt gerast, in jenes Festgebäude, darin man die Häftlinge bis zu ihrem Abtransport nach Osten gefangenhielt. Er kam zu spät, Relly und die Kinder waren schon verfrachtet worden. Mit List und Gewalttat verschaffte er sich die Papiere und die Uniform eines deutschen Militärarztes, er fuhr durch ganz Frankreich, durch Deutschland. Immer zu spät, um einen Tag, um eine Nacht, am Ende nur um wenige Stunden. Denn er drang sogar ins Lager ein. Der Kühnheit war er sich nicht bewußt und nicht der Gefahr. Seit Tagen lief er einem Ziel nach, alles andere war ausgelöscht. Nun war der Augenblick gekommen, ausführlich von den Lagern zu berichten, von der unvorstellbaren Organisation der Ausrottung, vor der er warnen wollte. Aber er sprach lange von Relly, davon, wie sie mit der Schwere des Lebens gewachsen war, so daß er am Ende nur noch in ihr den Grund fand, weiterzuleben.

Er vergaß die Zuhörer. Zu sich selbst sprach er und zu der Toten. Zum erstenmal mußte er nicht an die Leichen denken, wie er sie gesehen hatte, an jenen Anblick, der einen zeichnete bis ans Lebensende.

Nach einiger Zeit unterbrach ihn der Rabbi – der Nachmittag ging zu Ende, bald würde es Abend und zu spät für das Minchahgebet. Edi würde nachher weiter berichten. Er blieb allein. Er stand auf und sah sich noch einmal um. Die Fenster gingen nicht auf die Gasse, sondern auf einen weiten verschneiten Hof. Die Fenster öffnen, in den Schnee hinunterspringen und diese Leute niemals mehr wiedersehen, dachte er. Niemals hätte er zu ihnen sprechen sollen, wie er es getan hatte. Sie waren ihm fremd, unangenehm und geradezu verdächtig in ihrer Gewißheit, daß sie allein den Sinn kannten, in ihrer grotesken Intimität mit Gott.

Um sich abzulenken, holte er den Folianten vom Pult des Jungen. Er konnte keinen Buchstaben darin lesen. Als er ihn zurücklegen wollte, bemerkte er, daß ein deutsches Buch unter dem großen versteckt gelegen haben mußte. Er nahm es zur Hand, es war Hegels ›Phänomenologie des Geistes‹. Das Exemplar war in Wien gekauft worden, der Stadt, von der der sechzehnjährige Hegel-Leser wahrscheinlich nur als der Heiligen Gemeinde sprach – nicht dessentwegen, was da in den letzten Jahren geschehen war, sondern wegen eines Ereignisses, das fünfhundertzwanzig Jahre zurücklag.

Die beiden mußten bald zurück sein. Er würde

ihnen dann das Ultimatum stellen: Entweder der Rabbi forderte selbst die wehrfähigen Männer auf, in die Wälder zu gehen, um, wenn es sein mußte, wie Männer und nicht wie Lämmer zu sterben – oder der Rabbi und dieser sonderbare Knabe lehnten es ab, dann wollte Edi die Gemeinde gegen sie aufbringen und ohne Verzug zur Tat schreiten. Er war jenseits aller Furcht, vor keiner Untat schreckte er zurück. Dem, der er gewesen war, glich er nicht mehr, sein Gewissen war betäubt. Er ging darauf aus, denen zu gleichen, die er haßte, im Untergang sich ihre Welt einzuverleiben. Relly hätte ihn vor solchem Sturz retten können, aber die Erinnerung an ihr Wesen trat nur selten hervor; die an ihren Leichnam beherrschte seine Sinne. Sein Leiden hatte so sehr alles Maß überschritten, daß er es nicht mehr fühlte. Nur während er diesen Männern von Relly gesprochen hatte, war er in Gefahr geraten, zu sich selbst zurückzufinden. Nun er wieder allein war, bereute er heftig die Gemütsbewegung und versprach sich's, daß sie nie mehr wiederkehren sollte. Er brauchte keinen Trost, er wollte die eigene Klage nicht kennen. Edi war sich selbst aufs äußerste entfremdet.

Mit dem Rabbi und seinem Sohn traten mehrere Männer ein. Sie brachten aus der Betstube brennende Kerzen mit, die sie in die Leuchter steckten, ehe sie sich stumm an den langen Tisch setzten. Ihre Gesichter waren schwach erhellt, die schwarzen Gewänder vermengten sich mit dem Schatten der Leuchter an den Wänden. Der Rabbi sagte:

»Alles, was Sie erzählt haben, wissen wir, Dr. Rubin. Durch Jahrhunderte haben Scheiterhaufen gebrannt in Europa. Dann hat man für eine kurze Zeit aufgehört, und ihr Aufgeklärten, ihr habt gemeint, es ist aus, eine neue Zeit ist gekommen. Juden brauchen nicht mehr den Messias, brauchen nicht mehr Gott. Wir aber haben immer gewußt, zwischen einer kurzen Pause und dem Ende zu unterscheiden. Wir lebten stets in Furcht und in Erwartung und so leben wir heute.«

»Worauf warten Sie, auf ein Wunder?« fragte Edi ungeduldig. »Im Wunder leben wir Juden die ganze Zeit, ich warte auf ein Zeichen, das mir verständlich macht, was der Allmächtige jetzt im besonderen mit uns vor hat. Vielleicht ist es die Zeit von Gog und Magog, vielleicht ist es etwas anderes.«

»Ich warte auf kein Zeichen. Ich möchte sofort wissen, ob Sie die Gemeinde auffordern werden, alles Geld oder was Geldwert hat, zusammenzutragen, damit man ohne Verzug Waffen und Lebensmittel beschaffen kann. Die Männer von Wolyna werden all das brauchen, in den Bergen und in den Wäldern, der Krieg wird noch Jahre dauern.«

»Welcher Krieg?« fragte der Rabbi scharf. »Jener, den die Mächte gegeneinander führen? Wir sind keine Macht, wir führen keinen Krieg. Meinen Sie aber die Untaten des Feindes, das Verhängnis, das den Namen Hitler trägt? Woher wissen Sie, was es bedeutet? Ohne unsere Hilfe wird Gott ihn vernichten, das ist klar, denn deshalb hat Er ihn zur Geißel gemacht, mit der Er uns straft. Der Blutfeind ist verloren, sein Volk wird erniedrigt werden, aber unsere Sorge ist es, zu erfassen, womit wir die Strafe verdient haben, damit wir in der Erkenntnis und in der Buße sterben und nicht wie unsere Feinde in Verblendung und in der Finsternis der Seele. Wir sind das einzige Volk der Welt, das nie besiegt worden ist. Und weißt du, warum, Ephraim ben Mosche? Weil wir allein der Versuchung widerstanden haben, zu werden wie der Feind. Und auch deshalb werden wir nicht in die Wälder gehen; nicht wie Mörder, sondern wie Märtyrer werden wir sterben. Ein Mensch darf irren und sich verirren, aber den Weg ins andere Leben darf er nicht verfehlen.«

Edi stand auf und ging zur Tür. Mit einem Ruck schob er den Vorhang zur Seite, der sie verdeckte. Er sagte: »Was Sie da erklären, interessiert mich nicht. Die Wolynaer Juden werden in einigen Tagen ausgerottet sein, die Aktion ist bereits angeordnet. Sie wissen es so gut wie ich. Von den vierhundert Männern, die mit mir in den Wald gehen werden, hat vielleicht die Hälfte Aussicht zu überleben. Sie versuchen, uns an dieser Rettung zu hindern, und handeln damit gegen das jüdische Gesetz, das alle Vorschriften aufhebt, wenn sie der Rettung auch nur eines einzigen Lebens hinderlich sind.«

»Warten Sie«, sagte der Junge, »Sie haben uns noch nicht gesagt, warum Sie gerade nach Wolyna gekommen sind, warum Sie gerade uns Ihre Botschaft gebracht haben.«

Edi zögerte, bevor er antwortete. Seine Ungeduld war so groß, daß er mit den Fäusten gegen die Tür hätte hämmern mögen. Er beherrschte sich mühsam und antwortete:

»Ich habe in Frankreich einen Polen getroffen, den Grafen Roman Skrabek. Ihn wollte ich aufsuchen, denn ich glaubte, daß er hierher zurückgekehrt war, um gegen die Deutschen zu kämpfen. Aber hier erfuhr ich, daß er mit deutschen Offizieren verkehrt, mit ihnen säuft und Karten spielt. Wegen eines Irrtums also bin ich in dieses Städtchen gekommen. Diese Nacht war ich in der Nähe seines Gutes, ich wollte ihn im Schlaf überraschen und ihn zur Rede stellen. Nicht nur mich hat er betrogen, wahrscheinlich hat er auch meinen Freund verraten, mit dem zusammen er Frankreich verlassen hat.«

»Der Fremde irrt sich«, sagte, sich halb erhebend, einer der Männer am Tisch. »Die echten Skarbeks sind, das ist wahr, leichtsinnige Menschen und von allen Sünden angezogen. Aber Frevler sind sie nicht gewesen. Der Jüngste, heißt es, achtet die Menschen gering, die Christen wie die Juden. Aber er haßt niemanden. Schon mein Großvater hat mit seinem Urgroßvater, dem Grafen Bronislaw, Geschäfte gemacht. Ihm ähnelt, sagt man, Graf Roman. Daher bezeuge ich: Er verrät nicht.«

»Ich werde Euch das Geleit geben«, sagte der Junge. Er nahm eine brennende Kerze aus dem Leuchter und öffnete vor Edi die Tür. »Ich heiße Bynie, nach dem Großvater meines Großvaters«, fuhr er fort, während er ihm langsam durch die dunkle Betstube voranging. »Er ist ein großer Tröster gewesen, die Menschen hat es zu ihm gezogen, wie es die Verdurstenden zieht zur Quelle des lebendigen Wassers. Mein Vater – sein Licht leuchte ewig! – ist kein Tröster, und ich werde es auch nicht sein. Deshalb müßt Ihr so weggehen – verzeiht es uns beiden.«

»Sie heißen also Bynie und lesen insgeheim Hegel?« fragte Edi spöttisch. Er blieb stehen und sah dem Jungen ins Gesicht, dessen eine Hälfte die Kerze beleuchtete.

»Ja. Auch Hegel ist ein unglücklicher Mensch gewesen, denn er hat sich im Garten der Erkenntnis verirrt. Er ist Gott begegnet und hat ihn nicht erkannt. Wie kann ein Geist so verwirrt sein, sich selbst für den eigenen Schöpfer zu nehmen und den Hochmut des Menschensohnes gegen den Schöpfer der Welt zu stellen?«

»Um das zu erfahren, lesen Sie die ›Phänomenologie des Geistes‹?«

»Nein, sondern um mich auf die Probe zu stellen. In der Mitte der Verlockungen muß ich leben; es ist wichtig, ihnen zu widerstehen.«

»Nun, dann kommen Sie mit mir zu den Partisanen.«

»Auch das wollte ich Euch sagen, ich werde mit Euch gehen.«

»Was?« fragte Edi erstaunt, »Sie sind also nicht auf der Seite des Rabbis?«

Der Junge antwortete nicht, ehe er das große Tor aufschloß:

»Ich suche einen eigenen Weg, den des Trostes. Vielleicht wird mir Eure Verzweiflung helfen, ihn zu finden.«

»Wie alt sind Sie denn?« wollte Edi fragen, aber das Tor war schon ins Schloß gefallen. Er blieb versonnen stehen. Obschon er wußte, daß er nur den verschneiten Platz überqueren und in das Gäßchen neben der hölzernen Kirche einbiegen mußte, war es ihm, als wäre er ins Unbekannte versetzt und müßte alles aufs neue überlegen, ehe er einen Schritt tat. Einige junge Männer erwarteten ihn in einem Keller, die letzten Beschlüsse mußten gefaßt werden. Auf sie allein kam es an. Er aber dachte an den seltsam frühreifen Jungen, der ihm kaum verständlich war: Talmud und Hegel, tiefe Gläubigkeit und daneben das gutgehende Geschäft eines Wunderrabbis, der sich mitten im furchtbarsten Elend reichlich von den Gaben nährte, die sich die Verhungernden vom Munde absparten. Und warum wollte der Junge den Vater verlassen und sich dem Fremden anschließen, dessen Botschaft er ablehnte?

Ein Schlitten überquerte schnell den Platz und hielt nach einer scharfen Wendung vor dem Tor. Edi wollte sich rasch entfernen, aber ein Mann, der wie aus der Erde gewachsen schien, versperrte ihm den Weg:

»Entschuldigen Sie, aber der Schlitten ist für Sie. Keine Angst, nicht die Deutschen, sondern jemand im Schloß. Er will Sie sprechen. Lassen Sie den Revolver in der Tasche, sonst liegen Sie gleich am Boden. Wir sind drei, drehen Sie sich um, ich lüge nicht.«

»Und wenn ich ablehne?« fragte Edi, während er sich umdrehte. Zwei große, kräftige Bauern, die schwarzen Pelzmützen tief in die Stirnen gedrückt, die kurzen Pelzröcke offen, standen breitbeinig da.

»Wir haben Befehl. Und ein Befehl gilt, nicht wahr?«

Die anderen faßten Edi unter den Armen und führten ihn zum Schlitten. Dann gaben sie ihm die Decke, er sollte sich bis zur Brust einhüllen. Der eine sagte:

»Und wenn wir einer Patrouille begegnen, rühren Sie sich nicht, antworten Sie nicht, wenn man

Sie was fragt. Alles unsere Sache. Wir brauchen fast eine Stunde – wenn Sie während der Fahrt frieren, sagen Sie es.«

Als sie angekommen waren, wurde Edi in einen spärlich beleuchteten Saal geführt, an dessen Wänden Jagdtrophäen hingen, Geweihe und Eberzähne. Es gab neun Porträts, acht Männer in Schlachta-Gewändern und eine Frau, die aus dunklen Mandelaugen spöttisch den Saal, die Jäger und die Zeichen ihrer Siege betrachtete. Sie war tief dekolletiert, hatte breite männliche Schultern und zeigte fast unverhüllt einen vollen Busen; am besten kamen die Arme zur Geltung. In der Mitte des Saales ein riesiger Tisch, mit alten Gegenständen übersät. Es gab Spieldosen, Vorderlader, alte Bücher in schwerem Ledereinband, Schwerter ohne Scheiden, Scheiden ohne Schwerter, zwei Standuhren, Zobelpelzstücke, die schlecht rochen, Schnupftabakdosen, eine Pariser Tageszeitung aus dem Jahre 1911 und ein französisches Offizierspatent aus dem Jahre 1788. Dazwischen Weinflaschen, weiße Gamaschen, ein gelber seidener Unterrock und ein alter Telefonapparat, aus dessen Innern Drähte hervordrangen. Darüber lag eine österreichische Offizierskappe mit der verrosteten Kokarde FJI.

Einer der Männer brachte ein Tablett herein: dampfende Suppe, Speck, Brot und Schnaps. Er entschuldigte sich, daß er die Dinge auf einen Stuhl legen müsse, erklärte er in einem Gemisch von

Polnisch und Deutsch, aber er wolle die Ordnung auf dem Tisch nicht zerstören. Edi solle essen und trinken, das werde ihn erwärmen.

Einige Zeit später kam er mit Skarbek wieder, stellte sich neben Edi und sagte: »Das ist der Herr. Ich habe ihm inzwischen was zu essen gegeben.« Roman blieb erstaunt stehen, er sah nur das Profil und ein Brillenglas des Fremden, aber er erkannte ihn gleich. Er ging auf ihn zu, legte die Arme auf seine Schultern, wie um das Unfaßliche zu fassen. Er begann: »Willkommen, mein –«, unterbrach sich und sagte: »Etwas Furchtbares muß geschehen sein, daß Sie hier –.« Wieder unterbrach er sich. Edi blieb sitzen, er wollte nicken, aber er war erstarrt. Alles verschloß sich in ihm, er fühlte dumpf den Schmerz des Krampfes.

Roman wandte sich ab. Sein Blick fiel auf den Tisch. Die Unordnung hatte ihn amüsiert, jetzt schämte er sich ihrer und dieses Raumes, und daß er mit der Mütze auf dem Kopf, dem Schnee auf dem Mantel eingetreten war. Er sagte:

»Gehen wir in mein Zimmer. Hier ist es abscheulich.«

Edi blieb sitzen und antwortete nicht.

»Das alles hat keinen Sinn«, begann Roman wieder. »Ich meine, es ist ein totes Haus. Überfüllt, bewohnt, aber doch schon lange aufgegeben. Deshalb –«

»Weshalb haben Sie mich herbringen lassen?« fragte Edi.

»Um zu erfahren, wer der Mann ist, der sich seit Wochen für uns interessiert und gestern nacht, zum drittenmal, vom Hügel aus das Haus betrachtet hat. Daß Sie dieser Mann sein könnten –«

»Ihretwegen bin ich nach Wolyna gekommen, ich wollte einen Retter, einen Gefährten finden.«

»Warum haben Sie mich nicht sofort aufgesucht?«

»Wo ist Faber? Er hat Ihnen vertraut, mit Ihnen zusammen hat er vor über einem Jahr Frankreich verlassen, wir haben nie etwas von ihm gehört – was haben Sie ihm angetan?«

»Wie, Sie halten mich für fähig ... Sie glauben, ich bin mit den Feinden?«

»Man hat Sie in der Bezirkshauptstadt häufig mit deutschen Offizieren gesehen, Sie verkehrten im Hause der Geliebten eines Gestapo –«

»Und Sie, ein österreichischer Jude, Sie haben Frankreich verlassen und sind durch das ganze deutsche Europa gereist. Genießen Sie nicht den besonderen, höchst verdächtigen Schutz des Feindes?« fragte Roman. Aber schon verrauchte der Zorn über die Kränkung, sanfter fügte er hinzu: »Kommen Sie mit in mein Zimmer, Dr. Rubin. Ich werde Ihnen alles erklären, Sie werden in mir einen Gefährten finden, wenn Sie wollen. Ich gehöre der Armia Krajowa an, das ist die Geheimarmee Polens. Ich bin überdies der politisch Verantwortliche für diesen Kreis, ich stehe mit der geheimen Regierungsdelegation und mit London in steter Verbindung. Die Männer, die Sie hergebracht haben, sind gute Polen, Soldaten einer Armee, der niemand Mangel an Treue vorgeworfen hat. Glauben Sie mir?«

»Ich wünsche, ich habe es nötig, Ihnen zu glauben«, erwiderte Edi und stand endlich auf. Er folgte Roman, der ihn durch das weite dunkle Haus über die schlecht beleuchteten Treppen mit den ausgetretenen Läufern ins zweite Stockwerk führte und ihm in wenigen Worten berichtete, wann und wo er Faber das letzte Mal gesehen hatte.

»Behalten Sie den Mantel an«, sagte Roman, als sie in sein Zimmer traten. »Ich werde zuerst das Fenster öffnen, damit der Parfümgeruch verschwindet. Frauen lassen immer etwas zurück, wenn sie weggehen, wenigstens einen Geruch. Man erträgt ihn, wenn man die Frau wirklich gemocht hat.«

Sie sahen beide zum offenen Fenster hinaus. Der Schnee fiel dicht, in großen Flocken. Es war so still, daß man meinen konnte, ein ganz leises Ächzen zu hören, mit dem der Schnee sich auf die Erde legte. Riesen auf einem Marsch, die haltgemacht haben, um einen Augenblick auszuruhen, und im Stehen eingeschlafen sind, so säumten die Erlen den Weg, der von der Kapelle herunterführte.

»Es ist dumm, übertrieben. Aber dennoch, ich frage mich oft, ist es möglich, daß ich wegen dieser Allee, wegen dieser banalsten aller Landschaften zurückgekommen bin? Ist Ihnen das glaubhaft?«

»Vielleicht«, antwortete Edi versonnen. »Solange sich draußen kein Lebewesen zeigt, ist es der Friede, den man in sich selber nicht mehr findet.«

»Sie glauben also an Gott?«

»Ach, lassen Sie mich!« erwiderte Edi unwirsch und schloß mit hastiger Bewegung das Fenster. Wie erklärend fügte er hinzu: »Ich komme vom Wunderrabbi. Ich hasse ihn, verachte ihn.«

Nichts habe ich mit ihm gemein und nichts mit diesem Polen. Mit niemandem, dachte Edi. Ich muß gleich zurück, nach Wolyna zu den jungen Leuten. Sofort weg von hier, von diesem Geruch, von Skarbek, der noch sagen kann: mein Haus, meine Allee, mein Volk, mein Land.

»Nun legen Sie ab, Dr. Rubin. Es wird hier bald warm sein. Setzen Sie sich und erzählen Sie.«

»Was?« fragte Edi zornig. »Daß meine Frau tot ist und mein Sohn und das andere Kind? Daß man sie verschleppt hat wie Vieh, daß man sie – was ist da zu erzählen? Daß die Deutschen das Ganze erdacht und ins Werk gesetzt haben, daß aber auch Polen, Ukrainer, Letten und die anderen mitwirkten, die Opfer abzuschleppen, zu schänden und zu vernichten – das alles wissen Sie doch! Daß die Juden sich nicht gewehrt haben und genau die Rolle spielen, die ihnen der Vernichter zugeteilt hat – als wäre alles wirklich nur ein Spiel –, das wissen Sie doch auch. Alle sind verächtlich, die Mörder, die tätigen und die stillen Komplicen und die Opfer, die auch Komplicen sind – alle, alle. Sie mit Ihrer List, dem Spiel und der parfümierten Frau; ich, der nichts mehr kann als hassen und töten wollen – was gibt's da noch zu erzählen? Leihen Sie mir ein Pferd, ich will zurück. Wir haben nichts zu sprechen.«

»Auch wenn ich Sie weglassen wollte, Sie könnten jetzt nicht gehen, es ist zu gefährlich. Diese Nacht streifen deutsche Patrouillen durch die ganze Gegend –«

»Ich fürchte sie nicht. Seit Monaten gehe ich durch alle Gefahren. Sie weichen zurück, sobald ich mich ihnen nähere. Wenn ich selbst mich nicht töte, werde ich ewig leben.«

Roman erschrak. Ihm war's, als ob seine Wangen sichtbar zitterten, er streckte die Hand abwehrend vor, genau wie in den Ängsten seiner Kindheit, wenn er der mythischen Gestalt begegnete, wenn der Schatten an der Wand körperlich wurde und drohte, auf ihn zuzukommen.

»Es ist wahr«, fuhr Edi fort, »ich habe eine deutsche Uniform getragen. Aber sehen Sie mein Gesicht an – ich bin der Jude, den sie überall, selbst unter der Erde suchen. Durch ihre Reihen bin ich hindurchgeschritten, in ihren Zügen bin ich gefahren, immer bereit zu schießen, sobald sich einer näherte, mich auszufragen. Wenn ich meine Papiere zeigte – ich hatte sie einem Militärarzt abgenommen –, so sahen sie mich nicht an. Weil ich sie nicht fürchtete. Weil ich nicht an meinen, sondern nur an ihren Tod denke, an nichts anderes. Geben Sie mir ein Pferd, Herr Skarbek.«

Sie stiegen in den Keller hinunter. Einige Männer schliefen da. Sie halfen, den geheimen Zugang zum unterirdischen Gang frei zu machen. Stumm ging Roman voran. Edi schien der Weg endlos, die Finsternis vollkommen. Allmählich wurde der Pfad breiter. Roman blieb stehen, gab Lichtsignale und wartete auf eine Antwort. Sie kam erst nach einer Weile. Sie gingen weiter. Von Zeit zu Zeit leuchtete Skarbek die Wände ab, um Edi die Kisten zu zeigen, die beiderseits den Durchgang säumten. Sie trugen deutsche Aufschriften.

Ein Mann trat ihnen entgegen, sagte: »Nichts zu melden!« Er wollte Haltung annehmen, überlegte sich's aber, drückte sich an die Wand und ließ die beiden durch.

»Wir nähern uns den Ställen«, erklärte Roman. »Pferde genug, auch edle aus einem Gestüt; sie werden bei uns zugrunde gehen. Wegen der Futterschwierigkeiten werden wir uns motorisieren müssen. Merkwürdig, der Mensch hält alles aus, gewöhnt sich an alles, das Pferd nicht. Es wird melancholisch, vielleicht weil es sich nicht mit dem

Glauben an eine bessere Zukunft trösten kann. Horchen Sie, haben Sie je so trauriges Wiehern gehört?«

»Alles in Ordnung! Ich wollte nur fragen – es ist nur, weil – ich sollte ja schon gestern abgelöst werden ... meine zwei Tage Urlaub ... heute abend wollte ich gehen, aber –«

»Niemand darf hinaus. Die kämmen die Gegend aus. Das soll vierundzwanzig Stunden dauern. Wir stellen uns mausetot. Nachher darfst du nach Haus.«

»Naja, wenn es so ist«, meinte der Junge. »Aber ich wollte doch eigentlich ...«

Skarbek winkte ihm ab, wandte sich an Edi:

»Hier, Dr. Rubin, nehmen Sie den Schimmel. Eine gute Stute, aber unglücklich. Sie kann sich absolut nicht eingewöhnen. Ich werde Sie zum Ausgang führen, mitten im Wald.«

»Besteht nicht die Gefahr, daß eine Patrouille die Spuren der Hufe entdeckt?« fragte Edi.

»Ja, gewiß. Deshalb lasse ich jetzt niemanden hinaus. Aber da Sie unbedingt gleich wegwollen ... Und Sie haben das Recht darauf, daß ich Ihnen den Beweis liefere ... Wir sind keine Komplicen, nicht tätige und nicht stille.«

»Wie heißt die Stute?« fragte Edi.

»Das wissen wir nicht, wir haben sie den Deutschen abgenommen. Wir nennen sie einfach Schimmel, aber das ist gewiß nicht ihr Name gewesen. In dieser Zeit verlieren auch die Pferde ihre Namen.«

»Nehmen Sie den Schimmel zurück, ich werde hierbleiben, bis ich weg kann, ohne euch zu gefährden.«

Sie gingen den gleichen Weg zurück.

»Als Kind habe ich Ulysses wegen seiner List verachtet«, sagte Roman, als sie einander wieder in der Nähe des Ofens, der nun glühte, gegenübersaßen. »Hektor, mehr noch als Achilles, war mein Held. Später habe ich mich geändert. Es steckt etwas Verführerisches in der List. Jedenfalls erlaubt sie mir, unsere Verluste auf ein Minimum herabzudrücken. Daß ich mit Deutschen saufe und Karten spiele, das scheint Ihnen widerlich, aber es ist äußerst nützlich. Außerdem, das ist wahr, trinke und spiele ich gern. Nach wie vor finde ich, daß Politik dumm, Krieg häßlich und stumpfsinnig ist.«

»Was wollen die Deutschen mit der Streife?«

»Uns finden. Die Armia Krajowa aufstöbern, provozieren, um uns schnellstens zu vernichten. Sie haben in Stalingrad verloren, in Afrika, auf den Meeren und in der Luft. Sie brauchen leichte Siege und absolute Sicherheit der Verbindungslinien.«

»Und was tun Sie, um diese Linien zu zerschneiden?«

»Was wir können, nicht viel. Es gibt siebzig Millionen Deutsche, hundertsiebzig Millionen Russen und nur einige zwanzig Millionen Polen.

Siegen die Deutschen, sind wir verloren, siegen die Russen in Polen, sind wir verloren. Alles kommt darauf an, daß in diesem Lande die Polen selber siegen.«

»Ich verstehe nicht ganz«, meinte Edi.

»In Wilna habe ich einmal ein Stück gesehen. Es war aus dem Jiddischen übersetzt und hieß: ›Schwer, ein Jude zu sein‹. Es ist so lustig, daß man vor Trauer sterben möchte. ›Schwer, ein Pole zu sein‹ müßte eines Tages geschrieben werden. Es wird genauso lustig sein.«

»In Warschau habe ich es gesehen: ein Zug von Kindern. An ihrer Spitze ging ein Mann, der ein kleines Mädchen in den Armen trug. Die Straßenbahnen an der Kreuzung blieben stehen, um die dreihundert jüdischen Kinder durchzulassen, die man aus dem Kinderheim geholt hatte, um sie zur Vergasung zu führen. Der Mann vorn, der Leiter des Heims, sah die Menschen in den Straßen nicht mehr an. Er erwartete von ihnen keine Hilfe, kein Wort des Mitleids, keinen tröstlichen Blick. In der Straße, in den Tramways, überall Polen.«

»Was wollen Sie damit sagen?« fragte Roman heftig.

»Sie kennen die Antwort auf Ihre Frage. In Treblinka, in Belzec, in Majdanek, in Oswiecim –«

»Was haben wir damit zu tun? Der Pöbel ist überall gleich, wir –«

»Nicht nur der Pöbel hilft den Deutschen Kinder morden, Sie wissen das so gut wie ich, die Komplicität ist ungeheuer. Die Steine Warschaus hätten schreien müssen, aber es gab Menschen, die sagten: So werden wir auch ihre Brut los.«

»Es ist nicht wahr!« schrie Roman.

»Es ist wahr, Sie wissen es!«

»Ich weiß, daß in diesem Lande die Elite systematisch ausgerottet wird, die Besten meines Volkes«, sagte Roman. Vergebens versuchte er, sich zu beherrschen. »Die Deutschen und die Russen von September 1939 bis Juni 1941, seither die Deutschen allein. Sie köpfen die polnische Nation. Unsere Verbündeten hatten nichts als gute Worte für uns, unsere Reiter mußten mit Säbeln gegen Tanks kämpfen. Seither haben Polen an allen Fronten der Alliierten geblutet, in Norwegen, Frankreich, in der Libyschen Wüste. Das weiß ich. Und daß man uns nachher den Russen als Beute hinwerfen wird, das befürchte ich. Und auch das weiß ich: Die Juden haben Geld, sie wußten von Anfang an, daß es ums Leben geht, warum haben sie nicht Waffen gekauft, warum kämpfen sie nicht? Kinder sind zur Vergasung geführt worden, polnischer Pöbel hat sich darüber gefreut? Vielleicht. Aber ich werde nie verstehen, warum das Schicksal von Kindern mehr erschüttern soll als das reifer Menschen, deren Wert nicht eine vage Hoffnung, sondern eine Gewißheit ist. Und noch etwas, Dr. Rubin, ich bin kein Antisemit, ich bin auch kein Philosemit.

Ein Volk ist liebenswert, wenn man es aus der Ferne betrachtet, aus der Nähe liebe ich auch mein eigenes Volk nicht. Ich habe es Ihnen schon gesagt, ich habe keine Politik, sondern nur einen Geschmack. Sie verachten und hassen diese Wunderrabbis – seit fünf Generationen sind die Skarbeks ihre Beschützer und oft ihre Bewunderer gewesen. Und deshalb, treu nicht einer Meinung, sondern einer Tradition, werde ich den heiligen Mann und seine Familie unter meinen Schutz nehmen, wenn er es wünscht. Die anderen gehen mich nichts an. Übrigens könnte ich nichts für sie tun.«

Sie standen einander gegenüber, die Gesichter gerötet, mit zuckenden Lippen. Sie waren beide gleich groß, Edi breit in den Schultern, trotz seiner Magerkeit massiv, Roman schmal und schlank. Er hatte schnell gesprochen, wie es sonst nicht seine Art war, sein Ton war erregter gewesen als seine Worte. Nun wartete er auf eine Antwort. Da sie ausblieb, suchte er in den blauen Augen hinter den dicken Gläsern zu erspähen, was in dem anderen vorging. Edi setzte sich wieder, rieb mit einer nervösen Bewegung seine Knie und sagte schließlich:

»Nein, die Elite, wie Sie das nennen, interessiert mich schon seit langem nicht. Sie hat überall versagt, weil sie noch viel egoistischer und eitler ist als das Volk. Den wohlgenährten Wunderrabbi können Sie sich holen, je früher um so besser. Sein Sohn kommt mit mir, wir werden in den nächsten

Tagen eine Partisanengruppe bilden. Ich hoffe, Sie werden uns am Anfang helfen. Ich habe zwar im letzten Krieg gedient, Oberleutnant bei der berittenen Artillerie, ich bin bei den Kämpfen 1934 in Wien dabeigewesen, aber hier werden meine Erfahrungen nicht ausreichen.«

»Ich bin zu Ihrer Verfügung«, sagte Roman und setzte sich endlich auch. »Es wird sehr schwer sein, besonders für Sie, Sie sprechen kaum polnisch, und außerdem – der Partisanenkrieg ist noch viel grausamer als der andere. Und ohne List geht es nicht. Sie aber verachten die List –«

»Ich verachte jede Form von Komplicität«, unterbrach ihn Edi ruhig. »Es ist eine Frage der Sauberkeit. Im Angesicht eines solchen Feindes ist nur die Gewalttat sauber.«

»Das könnte Faber gesagt haben, aber Sie sind ihm sehr unähnlich.«

»Ja, unähnlich«, stimmte Edi zu. »Ihm ging's immer um das Bewußtsein, mir um das Gewissen. Deswegen hat er einmal eine Frau verlassen, er hat ein Kind aufgegeben – ich habe nie jemanden verlassen können. Aber nun ... Lassen wir das. Wieviel Waffen können Sie uns zur Verfügung stellen?«

»Wenig. Wir werden darüber morgen sprechen. Es ist spät. Sie müssen hinunter. Ich bleibe hier, die Deutschen sollen mich hier finden, wenn die Streifen noch diese Nacht herkommen. Vergessen wir beide unseren Streit von früher. Verzeihen Sie, wenn ich heftig gewesen bin.«

Edi nahm seine Hand, aber er blieb stumm. Roman führte ihn hinunter. Ein Mann von der Wache brachte ihn durch den Tunnel zu einem großen unterirdischen Lager in der Nähe der Stallungen. Die Schläfer lagen dicht beieinander. Endlich fand Edi einen freien Platz. Von irgendwo warf man ihm eine Decke zu. Er wickelte sich ein, lag lange schlaflos da und lauschte auf das Wiehern der namenlosen Pferde.

»Haut ab, sonst knallt's, aber mächtig! Sag's ihnen doch, Ukrainer, in ihrer Sprache. Morgen können sie kommen oder übermorgen, werden dann noch genug finden, die braven Plünderer.«

»Habe ich ihnen doch gesagt«, antwortete der ukrainische Milizionär in schlechtem Deutsch, »aber wollen ja nichts, nur zuschauen, warten.«

»Det kennen wa«, antwortete der deutsche Posten. »Die Leute sind alle Diebe, Gesindel!«

»Ist ja gut, schon treib' ich sie weg. Aber sind ja nur dankbar, daß Wolyna jetzt endlich auch judenrein ist, wollen sich ja nur freuen.«

Es war ein Haufen Männer und Frauen mit Säkken und Äxten über der Schulter; sie hatten auch Handschlitten mit. Nun sollten sie mit leeren Säkken wieder ins Dorf zurück, natürlich, die Preußen wollten alles für sich haben. Das war nicht gerecht, denn schließlich, diese Juden waren nicht Deutsche gewesen. Ihre Reichtümer gehörten rechtmäßig den Bauern, den Bauern von Barcy und Ljanow.

»Ruft Heil Hitler und geht nach Hause«, redete ihnen der Ukrainer zu. »Das wichtigste ist, daß die krätzigen Juden weg sind. Die Hälfte wird man auf dem Weg zur Stadt hinmachen und den Rest im

Lager. Und mit Gottes Hilfe werdet ihr morgen kommen und genug Sachen finden.«

Der Haufen zerstreute sich nur ganz langsam. Einige gingen über den Platz, um sich die Leiche noch einmal anzusehen. Da lag der Rabbi in den schwarzen Gewändern wie ein riesiger Rabe. Den Bart hatte man ihm schon ausgerissen, einige lange blonde Haare hingen ihm auf die Brust. Seine Augen waren offen.

»Laßt den Toten!« sagte ein älterer Mann. »Der ist bei ihnen ein Heiliger gewesen, da ist man besser vorsichtig. Und außerdem, was haben wir davon –.«

Aber als er merkte, daß seine Worte ohne Wirkung blieben, machte auch er sich an die Leiche. Zwei stritten um den schwarzen seidenen Kaftan, während sie ihn dem Toten abnahmen. Sie zerrten heftig an ihm und zerrissen das Gewand. Der Alte wollte nur die Schuhe haben, er schnürte sie auf, da stürzte sich ein Halbwüchsiger auf ihn und stieß ihn mit den Füßen, bis er ausgestreckt im Schnee lag. Nun waren sie ein Dutzend über dem Rabbi. Einer schrie ununterbrochen: »Nackt muß man ihn ausziehen, nackt, denn uns gehört alles, alles uns!«

»Verdammte Kälte!« sagte Böhle. »Warum haben Sie das geduldet und sie nicht sofort auseinandergetrieben?«

Der Soldat überlegte, was er antworten sollte. Ihm war alles egal, er wollte schnellstens an einen Ofen heran.

»Man müßte in den Haufen hineinschießen, in diese Banditen«, erklärte die Hebamme Muszinska. »Sie sind imstande und brechen in die Häuser ein und holen alles heraus. Dann bleibt nichts für uns!«

»Na, wird schon nicht so heiß gegessen, wie's gekocht wird. Überall sind Wachen aufgestellt. Gehen wir erst mal Visite machen. Ehre, wem Ehre gebührt, beginnen wir mit dem Haus von diesem ollen Rabbi.«

Als sie durch das Zimmer gingen, sagte Böhle unzufrieden: »Nein, diese Unordnung. Echt polnische Wirtschaft!«

»Das kommt daher, daß man ihnen erlaubt hat, Sachen mitzunehmen. Weiß Gott, wieviel Gold und Schmuck sie in ihren Bündeln mitgeschleppt haben«, erklärte die Muszinska. Sie fügte ärgerlich hinzu: »Nicht polnische, jüdische Wirtschaft!«

Er sah sie von der Seite an. Die war nur im Bett hübsch, nicht aufrecht und angezogen. Polnische Hure – war bald Zeit, mit ihr Schluß zu machen. Fehler gewesen, sich dafür einzusetzen, daß sie als Volksdeutsche anerkannt wird. Bin immer zu gefühlvoll, Hauptfehler, wäre sonst schon viel weiter, dachte Böhle.

»Das wäre also ihr Betraum – ist ja zum Lachen!« sagte er.

»Da, vor dem Schrank, da hing immer eine goldbestickte samtene Decke. Die ist weg. Ich hab's dir ja gesagt, die Saujuden haben alles Wertvolle mitgenommen«, erklärte die Hebamme vorwurfsvoll. Sie riß die Schranktüren auf, da lag ja der Vorhang, ordentlich gefaltet, neben den komischen Dingern, die wie riesige Puppen ohne Köpfe, in blauen und roten Samt gekleidet, aufrecht standen.

»Das sind denen ihre Pergamentrollen, betrachten die als heilig«, sagte er, »darin ist der ganze Schwindel aufgeschrieben, wo sie dran glauben. Sag mal, Mariechen, willst du nicht lieber gleich die Dingerchen, die du in die Tasche gesteckt hast, brav zurückgeben? Aber schnell, bevor Onkelchen garstig wird!«

Sie drehte sich hastig zu ihm um und antwortete: »Aber, Böhlechen, ich hab' sie doch gefunden, da gehören sie natürlich mir.«

Er riß ihr die Arme nach hinten und leerte ihre Taschen. Dann betrachtete er eingehend die goldenen Gegenstände: Es waren schmale Hände mit ausgestrecktem Zeigefinger, Lesezeichen oder so was. Jedenfalls, wenn es wirklich echtes Gold war, am besten einschmelzen lassen, damit's später keine Überraschungen gab.

»Ich habe sie gefunden, sie sind mein«, wiederholte die Frau.

»Stille sein, aber ganz still!« herrschte er sie an. »Mir kommt nämlich auf einmal der Verdacht, du kennst dich hier zu gut aus, wußtest, daß da ein Vorhang sein mußte – da sollt's mich nicht wundern; mit einem Wort, du hast mich die ganze Zeit betrogen, bist selbst eine Jüdin!«

Sie lachte laut auf und rief: »Das ist ein guter Witz, ich eine Jüdin, haha!« Aber da beugte er sein Gesicht zu ihr hinunter, die schweren Lider verdeckten die Augen fast ganz, sein rötlicher Schnurrbart zitterte. Eine namenlose Angst ergriff die Frau, plötzlich wußte sie, daß der Mann sie töten würde. Niemand war da, sie zu beschützen. Sie schloß die Augen, mühsam hob sie die Arme, umschlang seinen Hals und flüsterte ihm hastig Koseworte zu, dumme obszöne Sätzchen. Sie sprach, bis sie atemlos wurde, als wendete sie einen Zauber an, der allein die tödliche Gefahr abwenden konnte. Endlich hob er den Kopf, trat einen Schritt zurück und sagte, ohne sie anzusehen:

»Bist habgierig und diebisch wie alle Polen. Hast mich die ganze Zeit bestohlen. Nun ist Schluß damit. Und hast mich verraten, alles wegen Geld. Achtundzwanzig Juden haben heute morgen beim Appell gefehlt. Die haben also gewußt, daß es losgeht. Wenn Kutschera draufkommt, ist es aus mit mir.«

Rotbehaarte Hände hat er, abscheulich, dachte sie. Und er will mich erledigen, dieses dicke

Schwein. Der große Herr! Sich nackt auf den Boden legen und warten, bis er einen ins Bett ruft, das habe ich von ihm ertragen. Und ihm immer Rechenschaft abgeben müssen über jeden Groschen. Kutschera kann mich retten. Nur raus von hier! Heilige Mutter Gottes, nur das eine Mal hilf mir noch, nur noch einmal, alles werde ich tun, alles –

Böhle riß die Thorarollen aus dem Schrank und warf sie auf den Boden. Er fand silberne Gegenstände, die wie kleine Schilder aussahen, und samtene Decken. Aus einer Schublade holte er Becher heraus, einer war golden. Er steckte ihn in die Tasche.

»Uninteressant, gehen wir weiter«, sagte er. »Also mit den Juden sind wir hier fertig, nun wollen wir uns mal die Polacken ansehen. In der Gegend wimmelt es von Verrätern, die nur darauf warten, uns in den Rücken zu fallen. Vielleicht bist du wirklich keine Jüdin, kannst uns das beweisen. Fahr in die Dörfer, hol die Leute aus und bring uns Namen!«

Er wartete vergebens auf ihre Antwort, drehte sich um, sie war verschwunden. Besser so, dachte er. Sie ist ein armes Luder, nur eben zu habgierig und unverläßlich wie die Slawen. Immer wieder kräftig durchgreifen, zeigen, wer der Herr im Hause ist. Nur nicht sentimental mit den Leuten sein, verdienen's ja nicht.

Komisch so'n Haus, sieht bewohnt aus, aber

kein Mensch drin. Totenstille. Jetzt liegt der tote Rabbi nackt im Schnee – widerlich das. Jemanden abknallen, eine Sache – sich an Leichen gewöhnen, was anderes. Immer die offenen Augen, merkwürdig. Augen schließen! Aber Tote gehorchen keinem Befehl, weil ihnen nichts mehr geschehen kann. Eigentlich politisch klüger, nicht zu töten, dann hat man mehr Macht. Denn wer mal tot ist, von dem kann man nichts mehr haben. Komische Gedanken, raus aus dem Haus!

Die Wache unten meldete, daß zwei Wagen aus der Stadt gekommen seien, Kutschera sei da. Böhle lief in die Kommandantur und erfuhr, daß er warten solle, der Chef würde bald zurück sein. Der Schreiber flüsterte ihm zu: »Die Polin hat sich an ihn rangeschmissen und ihn dann in ihr Haus geführt. Verflucht dicke Luft!«

»Ach was, Herr Kutschera soll man nich so angeben«, antwortete Böhle. Mit dem Schreiber konnte er offen sprechen, aber ihm war bange. »Vielleicht wegen der achtundzwanzig, was meinen Sie, Henning?«

»Nun ja, die letzte Liste stimmt mit den früheren nicht überein. Aber ich mache mir wegen der Muszinska Sorgen. Ich bin ja in Opatow dabeigewesen, da weiß ich's. Kutschera will alles für sich allein haben, kann's nicht ausstehen, daß andere auch 'n Stück vom Braten abkriegen. Was er selbst einsteckt, ist sein gerechtes Teil. Was andere nehmen, ist dem deutschen Volke geraubt. Wenn er das Teppichlager sieht, wo Sie ihm nie von berichtet haben – er ist eben ein Österreicher –«

Die Tür wurde aufgerissen, ein kleiner dicklicher Mann trat ein, hinter ihm folgten die Leute seiner Suite, große, junge Burschen.

»Meldung!« brüllte Kutschera mit einer grellen Frauenstimme und schlug mit der Hundepeitsche auf den Schreibtisch. Böhle riß die Hacken zusammen und meldete sich reglementgemäß. Er blieb stramm stehen, weil er keinen Mut hatte, irgend etwas aus eigener Initiative zu tun. Die Burschen beachteten ihn kaum, aber er wußte, daß sie auf einen Wink warteten. Nicht vor ihren Revolvern hatte er Angst, sondern vor ihren Fäusten.

Der Chef hatte bei ihm Hausdurchsuchung gemacht, sicher hatte ihn die Muszinska gründlich informiert, so blieb Böhle nichts anderes übrig, als auf die präzisen Fragen bejahend zu antworten. Ja, er hatte die Wolynaer Produktionsziffern falsch angegeben, um für sich die Hälfte der Teppiche behalten zu können; ja, er hatte Gold und Devisen konfisziert, keinen Bericht erstattet, um alles einzustecken, usw. Aussichtslos zu leugnen, unnütz, den Schreiber Henning und die anderen zu belasten. Nur gegen die gefährlichste Beschuldigung mußte er sich wehren, da hatte er ein reines Gewissen, an dem Verschwinden der achtundzwanzig Juden war er unschuldig. Und er fand das Argument, das diesen dicken Zwerg überzeugen mußte:

»Warum hätt' ich die auch warnen sollen? Was konnten die mir geben, was ich ihnen nicht sowieso abnehmen konnte?«

Kutschera wurde weicher. Er würde keine Meldung wegen der Teppiche und Devisen erstatten. Natürlich, er wollte ja alles selbst einstecken. Aber das mit den Listen war nicht so einfach. »Ich lasse Ihnen einige von meinen Leuten hier, nehmen Sie außerdem die ukrainischen Milizionäre. Binnen 24 Stunden muß die Sache in Ordnung sein. Die Ausreißer können nicht weit weg sein. Tot oder lebend, aber besser lebend, müssen sie morgen vor neun Uhr vormittags in der Stadt sein. Ist wohl klar, was für Sie auf dem Spiel steht? Was das andere betrifft – Konfiskation usw. – Schwamm drüber! Und die polnische Sau weiß zuviel, die schwatzt zuviel. Machen Sie reinen Tisch, kapiert, Böhle?«

»Ich verstehe sehr wohl, aber ich rate dringend ab«, wiederholte Skarbek. Er war nicht sicher, ob Edi ihm zuhörte. »Der Erfolg ist unwahrscheinlich. Mit Ihren achtundzwanzig Mann wird es schwer sein, sich auch nur bis zur Eisenbahnlinie durchzuschlagen. Außerdem könnte die Zugseskorte stärker sein, als Sie glauben. Und dazu können nur elf von Ihren Leuten mit Waffen umgehen. Neulinge in eine solche Aktion zu führen – nein, Rubin, es ist wirklich Selbstmord. Und überdies, gesetzt den Fall, Sie kommen durch, vernichten die Eskorte und holen die Wolynaer aus dem Zug. Was machen Sie mit den Frauen, Kindern und alten Männern? Binnen weniger Stunden sind die Deutschen da, und alles ist zu Ende.« Er lauschte auf das ferne Wiehern der Pferde. Nachher würde er in die Stallungen gehen und mit den Wärtern sprechen. Man mußte etwas tun, um den Tieren zu helfen.

»Der Junge ist eingeschlafen«, sagte Edi und wies auf Bynie, der auf der Erde saß, an einen Pfosten gelehnt, auf den Knien ein Bündel, das er auch im Schlaf nicht losließ. Im Licht der Laterne, die über dem nächsten Pfosten hing, wirkte sein Gesicht gelblich. Die hohe Pelzmütze bedeckte Stirn und Augen.

»Ein seltsames Gesicht«, flüsterte Roman, während er zu ihm hinuntersah. »Man versteht auf einmal, daß er zwei Alter hat, sechzehn Jahre und drei Jahrtausende. Weiß er, was sie mit seinem Vater getan haben?«

»Er soll das Totengebet für ihn gesprochen haben, gleich nachdem die Schüsse verhallt waren. Wir hatten gerade den Wald erreicht.«

»Er wird es nicht aushalten bei den Partisanen, es ist zu schwer. Ich könnte ihn in einem Kloster verstecken.«

»Er bleibt bei uns«, wehrte Edi ab. »Wohin ihr geht, werde auch ich hingehen – so steht's in der Bibel.«

»Was beschließen Sie also? Jusek wird bald zurück sein, und wir werden wissen, ob der Transport diese Nacht vorbeikommt.«

»Ich zögere. Jedenfalls müssen wir irgend etwas tun, damit die Leute nicht denken, daß ich sie aus Wolyna hinausgeführt habe, um sie zu retten. Eine Aktion ist notwendig, damit aus diesen kleinen Leuten eine kämpfende Einheit wird.«

»Mein Gott, lieber Freund Rubin, was für Vorstellungen haben Sie vom Partisanenkrieg? Wochen vergehen, wo wir nichts tun können als uns verkriechen, und nur daran denken, uns selbst zu retten. Besonders jetzt, wo der Schnee jede unserer Bewegungen verrät.«

Der Junge erwachte aufgeschreckt, das Bündel fiel auf den Boden und öffnete sich. Roman las zwei Bücher auf. Bynie fragte: »Sind wir noch immer unter der Erde? Habe ich das Gebet verschlafen? Hier gibt es keinen Tag und keine Nacht. Minchah muß man beten, bevor der Abend anbricht.«

Er nahm die Bücher wieder an sich und legte sie in das Bündel.

»Sie haben heute noch nichts gegessen, Bynie, ich werde Sie zu den anderen führen, der Proviant ist dort.«

»Danke, aber ich werde fasten bis morgen früh. Wenn man ein neues Leben beginnt –«

Jusek kam schnell auf sie zu. Er wußte zu berichten, daß die Wolynaer nicht einwaggoniert wurden. Es hieß in der Stadt, daß sie so lange bleiben sollten, bis die fehlenden achtundzwanzig aufgegriffen waren. Böhle war in Ljanow und fragte die Bauern aus. Er suchte die Spur der Verschwundenen. Mit ihm waren außer den SS-Leuten auch Milizionäre. Sie hatten leichte Maschinengewehre, Maschinenpistolen, Handgranaten. Die Hebamme begleitete sie. Sie waren in drei Lastautos gekommen. »Wir können alles gut gebrauchen«, schloß Jusek seinen Bericht. »Die Waffen, die Wagen und die Hure auch.«

»Hier hätten Sie eine Aktion«, sagte Roman nachdenklich. »Vierzig Mann von uns und Ihre Leute zusammen . . .«

Bynie meinte: »Im großen Buchenwald hinter Barcy ist die Schlucht. Dorthin soll man sie locken, so wie Cyrus, der ein großer König war und unser Freund gewesen ist –«

Die Männer sahen ihn verwundert an. Jusek sagte: »Das mit der Schlucht ist ein schlauer Gedanke, da könnte man wirklich –«

»Natürlich«, unterbrach ihn Roman. »Alles bereitmachen!«

Und die Pferde werden endlich an die Luft kommen, dachte er befriedigt. Erst auf dem Weg zu den Stallungen ging es ihm auf, daß er zuerst an die Menschen und an ihre Leiden hätte denken sollen.

Edi unterbrach sich selbst mitten in einem Satz. Er musterte die Leute, wie sie da, in der äußeren Ecke des Stollens, nebeneinander hockten. Sicher sahen die Polen zu und spotteten über die jüdischen Kämpfer, die im Stroh herumlagen und nicht daran dachten, aufzustehen, wenn ihr Führer zu ihnen sprach. Judenschule – dieses höhnische Wort gab es sicher auch im Polnischen.

»Habt acht!« rief er, zuerst nicht laut genug, dann brüllte er es im Zorn und wiederholte es zum drittenmal, als die Leute nur langsam Anstalten machten, sich zu erheben. »Die elf, die gedient haben, nach vorn!« befahl er. Er riß einen hoch, der sich noch an der Geige zu schaffen machte. Der Mann sah ihn aus großen, tränenden Augen an, seine zu vollen Lippen bewegten sich, als ob er sprechen wollte. Edis Zorn verflog schnell. Er dachte: Die gehen mich nichts an. Ich hätte mich mit ihnen nicht einlassen sollen. Leute des Wunderrabbis, sie warten auf ein Wunder und darauf, daß man ihnen gnädig erlaube, noch einen Tag und noch einen in Demut zu leben.

Er befahl, Viererreihen zu bilden. Sieben Reihen, das war seine Armee. Teppichknüpfer, Geigenspieler, Händler. Nichts hätten sie mehr fürchten sollen, alles fürchteten sie, alle, nur ihn nicht. Denn war er ihnen fremd, so war er doch nur ein Jude. Er sah darauf, daß sie sich ausrichteten, er brüllte sie an wie ein Unteroffizier im Kasernenhof. Sie gehorchten, aber wahrscheinlich dachten sie: Ein deutscher Jude, schlecht und verrückt wie die Deutschen. Er hätte in Bynies Gesicht blicken mögen, um zu erspähen, was der Junge dachte, aber nun war es Zeit, die Rede wieder zu beginnen. Er sagte:

»Wolyna ist tot, es wird kein Wolyna mehr geben. Ihr habt keine Familie mehr, ihr seid nur noch Soldaten. Ihr steht unter Befehl, ihm werdet ihr gehorchen, ohne zu fragen und ohne zu zögern. Wer vor dem Feind Feigheit zeigt, wird erschossen. Ich werde ihn selbst erschießen. Einige Hundert hätten da sein können, wir sind nur ein jämmerlicher Haufen, weil die anderen bis zum letzten Augenblick auf ein Wunder gewartet haben. Die Polen brauchen uns nicht, aber sie borgen uns Waffen. Heute nacht werden wir uns Gewehre und Munition erobern, bessere, als die man uns borgt. Die Gedienten werden den anderen sofort beibringen, wie man mit einem Gewehr umgeht, schießt, sich deckt und wie man sich anschleicht. Ihr werdet drei Gruppen zu je neun Mann bilden, ich werde für jede einen Führer ernennen. Ihm habt ihr unbedingt zu gehorchen. Bynie, des Rabbis Sohn, wird der Melder sein und euch während der Aktion meine Befehle bringen. Mit den Deutschen und Ukrainern ist der Kommandant Böhle. Denkt daran, was er euch zugefügt hat – ihr müßt ihn lebend fangen. Ja, und noch etwas. Während der Schlacht kümmert euch nicht um die Verwundeten. Denkt immer nur an den Feind. Ihm wart ihr bisher wehrlos ausgeliefert, heute nacht habt ihr Gelegenheit, ihm zu beweisen, daß ihr nicht Ungeziefer seid, das man mit dem Stiefelabsatz zertritt. Wer in dieser Nacht nicht wenigstens einen Mörder tötet, ist nicht wert zu leben. Fragen?«

Einer hob die Hand wie ein Schulkind. Er wollte wissen, was mit ihren Sachen geschehe, ob man sie hier zurücklasse oder mitnehme. Ein anderer wollte wissen, wie man Edi anzusprechen habe, Herr Oberleutnant oder Herr Hauptmann.

Jusek kam mit einigen Mann, die Gewehre und Munition brachten. Sie hatten zwei Stunden Zeit für Schießübungen. Um sechs Uhr sollten sie aufbrechen, und nach sieben sollte sich in den umliegenden Dörfern das Gerücht verbreiten, daß die Juden sich in der Schlucht verbargen.

Wahrscheinlich nisteten viele Krähen drüben im Wäldchen hinter dem zugefrorenen Bach und der langen schmalen Wiese. Aber man sah immer wieder nur einen, vielleicht denselben Vogel aufsteigen, in der Richtung nach Barcy fliegen, zurückkommen, über der Wiese zögern, dann sich dem

Buchenwald nähern, sich auf einen Zweig setzen, plötzlich wieder erheben und zu den anderen Krähen zurückfliegen. Man konnte meinen, daß dem Tier bange war vor dem Buchenwald. Dessen Ende war nicht abzusehen, immer breiter, dichter stieg er auf, über viele Meilen bis zu den Karpaten auf der einen Seite und hinunter zu den großen Sümpfen auf der anderen.

»Diese Vögel sind Verräter«, sagte Janusz. »Man müßte jedem einzelnen den Hals umdrehen.«

»Vielleicht«, antwortete Wlas. »Aber andererseits, wenn alles so still ist wie hier, ist man froh, daß man wenigstens sie hört.«

Sie saßen seit einer halben Stunde auf den Ästen. Der Baum war gut gewählt, stand freier als die anderen, man hatte einen Blick auf die ganze Wiese. Wenn jemand aus dem Birkenwäldchen gegenüber herauskam oder links von der Ljanower Straße, mußte man ihn sofort erkennen.

»Man weiß nicht, soll man wünschen, daß die Hurensöhne bald kommen, damit man nicht hier in den Zweigen erfriert, oder wäre es besser, wenn sie gar nicht kommen. Die anderen hinten haben es besser. Legen sich hin und graben sich ein.«

Erst nach einer Weile sagte Wlas: »Da vorn liegen die verschneiten Felder. Und im Dorf steigt sicher Rauch aus den Schornsteinen. Alles wie bei mir zu Hause. Wenn ich jetzt zu Hause wäre – du verstehst, bei uns braucht man nicht mit Holz zu sparen. Am Abend nach der Suppe, ich sage dir, man schläft ein, bevor man sich hingelegt hat, solch liebe Wärme ist das. Draußen geht der kalte Wind, er beißt dir an den Ohren, an der Nase, die Augen tränen – wir aber sitzen im Warmen. Und deshalb schaue ich jetzt hinaus auf die Felder. Ich denke mir so: Das ist meines Schwagers Feld, daneben das meiner Schwester, sie ist Witwe, und mehr nach rechts, da ist meines. Von dort gehe ich weiter, komme zum Steg über den Bach und am Hof des Ältesten vorbei und an einigen kleineren Häusern, und da steht mein Haus. Den Ofen habe ich noch selbst gesetzt, bevor ich weggelaufen bin. Ach Gott, mein Gott, schau dir nur die Felder an, Janusz, so glücklich könnte man sein!«

»Das ist wahr«, antwortete Janusz, »aber was willst du, die Ungläubigen lassen uns nicht. Da sind die Deutschen, die sind Lutheraner, und da sind die Juden, die stecken zusammen, und dann noch die Moskowiter – alle gegen uns. Das Unglück ist, wir haben zu gute Herzen, so wahr ich Gott liebe, und deshalb müssen wir hier erfrieren, weil Pan Skarbek die Juden rächen will, und Kriegführen will er ihnen beibringen. Ich sage dir, Wlas, das gefällt mir nicht.«

»Pan Skarbek weiß, was er tut. Er hat ein Maschinchen, und da spricht er jeden Tag mit den Ministern in London, so wie ich jetzt mit dir spreche. Außerdem, alles in allem sind es neunundzwanzig Juden. Wenn diese Preußen wirklich kommen, wird es nur noch zehn Juden geben oder weniger. Das ist nicht viel, Janusz, kümmere dich nicht um sie!«

»Was willst du, Wlas, kann ich etwas dafür, daß ich sie nicht ausstehen kann? Mit Geigen kommen sie an, einen Krieg zu führen. Einer hat sogar Bücher mitgebracht. Nur den Hals umdrehen wie diesen Krähen da! Ja, es ist ein Jammer! Du sagst also, daß du selbst den Ofen gesetzt hast?«

Der Feind mußte die vielen Schritte im Schnee entdecken, die Wiese überqueren und dann den Spuren im Wald folgen. Es hatte seit Stunden nicht mehr geschneit, die Fußstapfen waren deutlich sichtbar. Sie führten auf Umwegen, in einem weiten Halbkreis, zur Schlucht, die sich über anderthalb Kilometer ausdehnte, zuerst gerade verlief und dann in einem fast rechteckigen Winkel nach links abbog und noch tiefer wurde, ehe sie sich zur Mulde verbreiterte, an deren Wänden junge Buchen in die Höhe rankten.

»Einundzwanzig Uhr, acht Minuten«, sagte Skarbek. »Seit mindestens achtzig Minuten weiß Böhle, daß er die Wolynaer hier finden kann. Er läßt sich Zeit, ist seiner Sache sicher, will zuerst das Nachtmahl im Bauch haben. Aber binnen einer Stunde muß er doch hier sein. Er könnte schon in zwanzig Minuten am Waldrand erscheinen. Gehen wir zum Kommandoposten!«

»Ich lasse Ihnen den jungen Bynie als Melder und gehe in die Schlucht hinunter«, meinte Edi.

»Sie bleiben bei mir«, antwortete Roman.

»Nein, es ist wichtig, ihnen ein Beispiel zu geben, entscheidend für die Zukunft dieser neuen Soldaten.«

»Dr. Rubin, ein für allemal, Sie stehen unter meinem Befehl und werden sich nur entfernen, wenn ich ausdrücklich Befehl gebe. Das gleiche gilt für den Jungen. Verstanden, Bynie?«

Sie verließen die Schlucht und gingen zum Befehlsstand, der nun ganz fertig war. Ein Graben, der einem riesigen Granattrichter glich. Man schob Zweige über ihre Köpfe.

»Ganz angenehm hier«, sagte Roman zufrieden. »Man kann sich gut anlehnen. Nun, Bynie, erzähl uns, was in deinen Büchern geschrieben steht über uns und über unsere jetzige Lage.«

»Es steht geschrieben, daß die Menschen selbst die Frevler bestrafen sollen, so daß sie die Todesart erleiden, die dem Frevel angemessen ist. Dennoch ist es nicht so einfach.«

»Was ist nicht so einfach?« fragte Roman und starrte durch das Dunkel auf das Gesicht des Jungen. Genauso, erinnerte er sich, hatte er damals im Boot den Ausdruck in Fabers Gesicht zu erraten gesucht – als ob ein Antlitz sich erst in der Finsternis völlig enthüllte. »Was ist nicht so einfach, junger Rabbi?«

»Gott kann zornig sein und sanftmütig, nachtragend kann er sein und gnadenreich im nächsten Augenblick, aber eines ist er immer, ununterbrochen in aller Ewigkeit: der Schöpfer der Welt, eines jeden Geschöpfes, auch des Frevlers. Man kann keiner Kreatur ein Leid zufügen, ohne daß der Schöpfer litte. An Seinem Maße rüttelt, wer das All um ein Geschöpf ärmer macht. Gott leidet an der Ungerechtigkeit der Menschen, aber vergessen Sie nicht, Pan Skarbek, Er leidet nicht weniger an Seiner eigenen Gerechtigkeit. In diesen Tagen leidet der Schöpfer der Welt ungeheuer.«

»Das steht bei euch wirklich geschrieben?« fragte Roman verwundert.

»Auch das ist nicht so einfach, Pan Skarbek. Kein Satz kann lange bestehen bleiben ohne seinen Gegensatz. Das kleine Wort nein genügt, um jede Ordnung in ihr Gegenteil zu verkehren. Zum Beispiel: Gott ist allmächtig, aber auch das niedrigste Seiner Geschöpfe könnte nie ein so unglücklicher Liebhaber sein, wie Gott es seit dem Augenblick ist, da Er den Menschen erschaffen hat. Als mein Urgroßvater Bynie – er stehe uns bei! – auf dem Totenbett lag, hat er gesagt: ›Ich habe das Leichteste gewählt, denn die Menschen wollen immer getröstet werden. Aber habe ich Gott auch nur einen Augenblick lang erheitert? Das möchte ich wissen.‹«

»Haben Sie alles verstanden, Rubin?« fragte Skarbek.

»Nein, ich habe nicht zugehört. Ich denke an Böhle.«

Die zwei Lastautos bogen von links auf die Wiese ein. Nach zweihundert Metern hielten sie. Die Männer sprangen ab und suchten mit Taschenlampen nach Spuren im Schnee. Sie fanden sie leicht, besonders zahlreich am Rande des Buchenwaldes. Die ukrainischen Milizionäre, neunzehn an der Zahl, folgten den Fußstapfen. Als sie tiefer im Walde waren, blieben sie dicht zusammen hinter ihrem Führer, der allein die Lampe nicht abgedreht hatte.

Böhle saß in einem der Wagen neben dem Fahrer. Nur vierzehn Leute seines Kommandos waren mit ihm, die siebzehn anderen SS-Männer hatte er mit dem dritten Wagen zurückgeschickt. Es war doch zu lächerlich, wegen der paar Juden so viel Aufhebens zu machen.

Nicht Feigheit war es, daß er zurückblieb und die Ukrainer in den Wald schickte; das Gefühl der Ehre verbot es ihm, selbst die Flüchtlinge zu suchen. Schon seit langem, seit er im Frühjahr 1940 mit dem Einsatzkommando nach Osten gekommen war, war es ihm eine täglich erhärtete Erfahrung, daß auch die Andeutung eines Befehls völlig genügte, um die Juden gefügig zu machen. Daß achtundzwanzig von den Wolynaern solchen Akt von Ungehorsam vollzogen hatten und, statt den Marsch in die Stadt anzutreten, ausgerissen waren, erschien ihm noch immer unfaßbar. Ginge er sie nun suchen, so gäbe er damit zu, daß solch ein Vorkommnis im Bereich des Zulässigen liege. Nein, die Ukrainer werden sie wie Schafe auf die Lichtung zutreiben, ihnen befehlen, im Schnee niederzuknien, mit ihnen einigen Spaß haben, fünf bis zehn an Ort und Stelle umbringen, der Rest wird auf den Knien bis zum nächsten Dorf rutschen, damit auch die Bauern ein Vergnügen haben und nebenbei in der Gewißheit bestärkt werden, daß ein deutscher Befehl in jedem Fall ausgeführt wird.

Der dritte Wagen war wohl schon in Wolyna, Henning hatte gewiß auf dem Weg den Fall Muszinska erledigt. Auf dem Rückweg wird man ihre Leiche finden, nahe dem Fluß, morgen einige Polen unter dem Verdacht des Meuchelmordes festnehmen und in die Stadt schicken. Dieser arrogante polnische Graf soll von der Partie sein.

»Nun haben die gewiß schon die Schlucht erreicht«, sagte einer von Kutscheras Burschen. »Wenn es sich nicht um Juden handelte, würde ich sagen, es ist Wahnsinn, in der Nacht loszugehen. Ein Geplänkel im Wald ist sogar bei Tag eine kitzlige Sache.«

»Na ja«, antwortete Böhle, »wenn es hochkommt, haben die einen Revolver und können womöglich gar nicht schießen. Und wenn sie einen Ukrainer umlegen, das verschmerzen wir leicht, nicht wahr? Und andererseits, Sie haben's ja gehört, der Befehl lautet, daß ich das Gesindel morgen früh vor neun Uhr in der Stadt abliefern muß.«

»Gewiß, ich sag's ja auch, da ist keine Gefahr bei, aber es ist eben rein technisch nicht ganz das Richtige. Vielleicht sollten die Fahrer nun beidrehen und die Scheinwerfer auf den Wald richten. Die Juden wissen ja schon sowieso, daß ihr Ausflug zu Ende ist, daß wir sie am Schlafittchen pakken.«

»In zehn Minuten machen wir das, um ihnen den Weg hierher zu beleuchten.«

»Der Chef rechnet damit, daß er die meisten lebendig kriegt. Er will sie nämlich auf dem Marktplatz, mitten in der Stadt, erledigen – wegen der arischen Bevölkerung. Man darf sich solche moralische Wirkung nicht entgehen lassen. Ich erwähne es nur, vielleicht hätten Sie diesen ukrainischen Banditen einschärfen sollen, daß sie diesmal kein Recht haben, die Leute ohne weiteres abzuknallen.«

»Gewiß, natürlich!« beruhigte ihn Böhle. Aber nun befürchtete er doch, daß die Milizionäre zu viele umbringen könnten, so daß für Kutscheras moralische Wirkung nicht genug blieben.

»Also keine Dummheiten diesmal! Kommt näher heran, hört gut zu«, sagte Lynczuk, der Führer der Miliz. Er flüsterte, obschon die Deutschen hinten auf der Wiese ihn gar nicht hören konnten. »Nicht gleich totschlagen, nicht brüllen, freundlich sein. Ihr sagt jedem, daß ihr ihn laufen laßt, er soll euch nur zeigen, wo er die Sachen vergraben hat, und sie wieder ausgraben. Und nachher, wenn ihr sicher seid, daß er nichts mehr hat, erledigen. Immer werfen uns die Deutschen die abgenagten Knochen hin – seht zu, ob ihr vielleicht eine Faser findet. Aber diesmal sind wir die Herren! Habt ihr mich alle verstanden?«

Seine flinken Augen folgten dem Licht der Lampe, das von einem Gesicht zum anderen wanderte. Die Leute nickten, ja, diesmal waren sie die Herren.

Vor dem Aufbruch hatte jeder von ihnen acht Zigaretten und einen halben Liter Schnaps gefaßt. Den hatten sie schon ausgetrunken, war gut gegen Kälte und auch gegen die Angst vor den Deutschen. Diesmal sollte alles gerecht zugehen, die Fremden werden den abgenagten Knochen kriegen.

Nun waren sie endlich in der Schlucht. Die Fußspuren waren deutlich, die Juden unsichtbar. Macht nichts, sie konnten nicht weit sein. Aber immerhin, der Weg war lang, die Schlucht wurde schmäler und tiefer. Sie kamen zu der Stelle, wo sie scharf abbog. Als etwa die Hälfte von ihnen mit dem Führer an der Spitze um die Ecke gebogen war, gingen plötzlich in den Bäumen am Rande der Schlucht viele grelle Lichter an. Die Männer hoben die Hände vor die Augen – was ihnen da geschah, war beängstigende Verzauberung. Das Feuer kam von überall, aus den Bäumen und aus der Schlucht selbst. Die um die Ecke gebogen waren, drängten zurück, die anderen nach vorn. So bildeten sie einen Knäuel von Toten und Verwundeten, die mit verrenkten Gliedern übereinanderlagen.

Jusek beugte sich hinunter und rief: »Die Verwundeten fertigmachen, keiner darf entkommen, Gewehr und Munition abnehmen!« Edi, der neben ihm stand, brüllte den gleichen Befehl in einem Gemisch von Deutsch und Jiddisch.

Einer der Polen, die die Lampen in den Ästen bedienten, rief Jusek an: »Den Juden die Waffen, aber uns die anderen Sachen, das ist abgemacht.«

»Ja, abgemacht. Aber wartet lieber auf die Pelze und die Ringe der Deutschen, die haben die Schießerei gehört und werden sicher bald kommen. Und das wird nicht so leicht gehen wie mit den beschissenen Ruthenen.«

Nach einigen Minuten wurden die Lichter wieder ausgedreht. Die Juden zogen sich tiefer in die Schlucht zurück, die Polen in die Gräben daneben und in das Geäst der Buchen.

Die Stille war vollkommen. Plötzlich war eine undurchdringliche Finsternis eingebrochen.

Edi, dem Roman diesmal erlaubt hatte, mit seinen Leuten in der Schlucht zu bleiben, sagte flüsternd zu den drei Gruppenführern:

»Macht den Leuten klar, daß das Schwerste erst jetzt kommt, die Deutschen sind gewarnt. Außerdem haben sie bessere Waffen. Du, Blaustein, nimm deine acht Leute, führ sie ans andere Ende der Schlucht, klettert hinauf, legt euch hinter die Bäume. Die Nazis werden gewiß dort Maschinengewehre postieren wollen. Ihr habt das zu verhindern, um jeden Preis. Sobald ihr sie erledigt habt, am besten mit den Bajonetten, bringt ihre Maschinengewehre hierher, aber bleibt oben. Postiert euch genau im Knie.«

»Warum gerade meine Gruppe?« fragte Blaustein. »Wir haben schon zwei Verwundete, nicht schwer, Streifschüsse, aber immerhin.«

»Ich habe gesagt, dann postiert ihr euch genau im Knie. Dort bleibt ihr, bis ihr einen andern Befehl bekommt. Sobald die Aktion zu Ende ist, sichert ihr die beiden anderen Gruppen.«

»Gegen wen?«

»Gegen jeden, der versuchen sollte, sich zu irren. Und noch etwas: Es gibt keine Gefangenen, nur Böhle will ich lebend haben. Und keiner der Unseren soll sich ergeben. Wer schwer verwundet ist, wem kein Ausweg bleibt, die letzte Kugel in den offenen Mund.«

Ein Maschinengewehr knatterte. Wahrscheinlich hatte sich einer von den SS-Leuten geirrt oder hatte Angst bekommen. Aber sie waren wohl noch nahe dem Waldrand, man hörte ihre Schritte nicht. Die Augen hatten sich wieder an die Dunkelheit gewöhnt.

Edi, ganz allein im Gebüsch, lauschte angestrengt. Er hörte nur den Wald. Es war also wahr, im Winter brummten die Bäume, seufzten und ächzten wie Greise, die mit jedem Atemzug aufs neue dessen gewahr werden, daß leben eine beschwerliche Arbeit ist.

Es begann wieder zu schneien, der Mond war völlig verhüllt. Schnee ist besser als Regen, sagte sich Edi. Und seine Erinnerung ging zurück zu den Februartagen des Wiener Aufstandes. Neun Jahre waren seither vergangen. Der Rückzug über das Marchfeld, der Ukrainer Hans. Hinter diesem Wald mußte irgendwo das Dorf liegen, aus dem er gekommen war – auf weiten Umwegen, um für die Arbeiter von Wien zu sterben. Und ich werde in seinem Land krepieren, für niemanden, für nichts. Und da, schon fast zugedeckt vom neuen Schnee, liegen die Ukrainer. Auch sie hatte Hans befreien wollen. Armselige Unterdrückte, die man gar zu leicht für jede schlechte Sache gewinnt. Nein, sie tun mir nicht leid, wie sie da im Haufen liegen. Aber nun sollen endlich ihre Herren kommen.

Er hörte Schritte, es war Bynie, der sagte:

»Pan Skarbek meint, daß die Deutschen gewiß nicht kommen werden, jedenfalls nicht, bevor es Tag ist und sie Verstärkungen herangezogen haben. Die Polen gehen zurück, unsere Leute sollen die Schlucht verlassen und bis zum Waldrand vordringen und die Deutschen hindern, über Ljanow zurückzufahren, wenigstens fünfzig Minuten lang, damit sie den Weg ins Schloß nicht kreuzen. Dann, eine Stunde später, sollen auch wir uns zurückziehen – ich kenne den Weg. Pan Skarbek verbietet ausdrücklich, anzugreifen, außer wenn sie den Ljanower Weg wählen. Über Barcy soll man sie lassen, oder wenn sie dableiben wollen, sollen sie. Ich laufe jetzt zu ihm hinüber, melden, daß Sie den Befehl entgegengenommen haben, und komme gleich zurück.«

»Deine Zähne klappern, vor Furcht oder vor Kälte?«

»Vor Kälte«, antwortete Bynie und verschwand wieder.

Als Blausteins Gruppe sich mit den zwei anderen vereinigt hatte, gingen sie in ausgezogener Schwarmlinie vor. Zweihundertfünfzig Schritte vor der Lichtung machten sie halt. Sie konnten die Umrisse der Wagen unterscheiden, das gedämpfte Geräusch der Motoren war stetig. Von Zeit zu Zeit leuchteten die Scheinwerfer auf und warfen breite gelbe Streifen auf den Schnee.

»Noch zwanzig Minuten, dann können wir abziehen«, flüsterte Bynie.

»Wenn wir Maschinengewehre hätten, könnten wir sie angreifen und dann –«, meinte Edi.

»Der Befehl lautet, nicht angreifen«, unterbrach ihn der Junge. Sie duckten schnell die Köpfe in den Schnee, die Scheinwerfer hatten wieder aufgeleuchtet, aber diesmal erloschen sie nicht nach wenigen Sekunden. Die Wagen kamen langsam näher. Einer wandte, als ob er in die Richtung nach Barcy abfahren wollte, doch kam er rückwärtsrollend zurück und blieb wieder stehen. Gleich darauf setzte das heftige Maschinengewehrfeuer ein. Der Kampf dauerte zehn Minuten, die Wolynaer richteten das Feuer zuerst auf die Scheinwerfer des einen Wagens und zerschossen sie, dann auf den anderen, den das Mündungsfeuer der Maschinengewehre verriet. Ohne dessen recht gewahr zu werden, krochen sie immer näher an die Lichtung heran. Sie hörten eine helle Stimme etwas rufen, aber sie verstanden nichts. Es zog sie unwiderstehlich zu den Wagen. Da hörten sie jemand singen, undeutlich zwar, aber sie erkannten die Melodie, die Wolynaer Melodie, wie man sie nannte, des Gebets: »Laßt uns nach Zion zurückkehren!« Sie verstanden, daß sie die Richtung ändern und sich dem Sänger nähern mußten. Sie schwenkten nach links ab und merkten, daß sie aus dem Bereich des Feuers herauskamen. Sie waren dreizehn, die hinter Edi aufsprangen und sich von links dem zweiten Wagen näherten. Sie schossen ihn in Brand. Die Flammen sprangen hoch und färbten die Schneeflocken rötlich-schwarz. Der andere Wagen bog auf die Straße nach Barcy ab. Endlich schwiegen die Maschinengewehre.

Bevor die Wolynaer aufbrachen, suchten sie die Kameraden, die im Wald geblieben waren. Sie konnten nur zwei von ihnen, Leichtverwundete, mitnehmen. Edi brachte elf von den achtundzwanzig Männern zurück, die ihm genau vierundzwanzig Stunden vorher in die Freiheit gefolgt waren. Sie waren schweigsam, wie betäubt. In ihrem Stollen angekommen, warfen sie sich aufs Stroh. Aber als sie den Sohn des Rabbis aufrecht sahen, die Gebetsriemen am Arm, standen sie torkelnd auf und sprachen das Totengebet.

Warum weine ich? wunderte sich Bynie. Alle schliefen. Auch Dr. Rubin, der neben ihm lag. Warum weine ich? fragte er sich aufs neue und bedeckte den Mund mit der Hand, um sich das Schluchzen zu verwehren. Es war nicht kalt, aber er zitterte an allen Gliedern. Schon zweimal hatte er mit bebenden Lippen das Gebet geflüstert, danach man einzuschlafen hat, er war furchtbar müde, aber immer noch wach. Sein Vater war tot. Er wußte es. Auch daß die Bauern gekommen waren, um seine Leiche zu schänden, wußte er. Sie lag im

Schnee auf dem Platz, genau an der Stelle, an die ihn sein Vater so oft geführt hatte, um den Segen über den Neumond zu sprechen.

Der Mann, dem man das Grab verweigerte, war sein Vater gewesen, sein Rabbi und sein Lehrer. Der Mutter entzogen, sobald er drei Jahre alt war, um zu lernen, hatte er dreizehn Jahre in der Gemeinschaft mit dem Rabbi gelebt. Den Blick seiner hellen Augen hatte er immer gefühlt, er lag manchmal fragend, forschend auf der Stirn des Jungen, manchmal verwundert und bewundernd.

Bynie hätte die Mutter rufen mögen wie ein kleines Kind. Aber sie und die Schwestern waren mit den Wolynaer Juden in den Tod evakuiert. Und er selbst war kein Kind mehr. Er war unrein, denn er hatte getötet und sich nach der Tat nicht gereinigt. Ein Tröster hatte er werden wollen wie der Ahne, nach dem man ihn benannt hatte. Aber nun war er so tief gefallen, daß Gott allein ihn erheben konnte.

Von aller Weisheit, die er gelernt hatte, blieb ihm nichts zurück. Er nahm die Hand vom Mund weg und legte sie auf die Augen. Er wollte die Psalmen sagen, aber da schluchzte er auf. Edi erwachte unf fragte unwirsch:

»Warum schläfst du nicht?« Er sah den Jungen an, sein Gesicht war tränenüberströmt. Sanfter fügte er hinzu: »Warum weinst du, kleiner Bynie?«

»Verzeiht, aber ich weiß es nicht. Es ist zu schwer!«

»Leg deinen Kopf auf meine Brust, Bynie ... Ich habe einmal einen Sohn gehabt, Pauli haben wir ihn genannt. Ich hätte ihn geliebt, auch wenn er häßlich gewesen wäre, aber er war schön wie seine Mutter. Ich hätte ihn geliebt, auch wenn er dumm gewesen wäre, aber er war allem aufgeschlossen. Hörst du, Bynie, er war ...«

Der Kopf des Jungen wurde schwerer. Noch schluchzte er, aber er war schon eingeschlafen. Edi starrte auf das schwache Licht der Laterne über dem Pfosten. Er lauschte auf die Laute, mit denen die Schläfer den Schlaflosen quälen. Er wußte, daß sich kein Weg zu den Menschen öffnete, auf dem er seine Einsamkeit je verlassen könnte. Der Kopf des Kindes auf seiner Brust änderte nichts daran. Nicht der Gegenwart und nicht der Zukunft war Gewalt gegeben über seine Vergangenheit.

Drittes Kapitel

»Jetzt hat's genug geschneit, wir brauchen keinen Schnee mehr«, sagte Skarbek.

»Es ist wirklich wahr«, meinte Jusek. »So wahr ich Gott liebe, der Schnee hat genau in der Minute begonnen, wo wir ihn gebraucht haben. Alle Spuren hat er verdeckt. Die Hurensöhne müssen ganz wild sein. Es heißt in Wolyna, daß sie Tote und Verwundete haben, aber man weiß nichts Genaues. Der Herrgott ist auf unserer Seite.«

»Ja, unsere Leute müssen zufrieden sein, sie haben sich ausgelüftet, und niemand hat auch nur einen Ritzer abbekommen.«

»Zufrieden, Pan Skarbek, zufrieden kann man nicht sagen. Man ist nicht mehr unter sich, meinen manche.«

»Sobald der Schneesturm aufhört, fahre ich in die Stadt, werde erst in zwei, drei Tagen zurück sein. Man muß die Juden in Ruhe lassen. Ich verlasse mich auf dich, du bist verantwortlich.«

Jusek antwortete nicht. Skarbek schenkte den Schnaps in Teegläser ein, bot ihm an: »Trink, Jusek, und wenn du dir den Mund abgewischt hast, schau mir in die Augen und sag, was du zu sagen hast.«

»Ich habe nichts zu sagen. Aber es ist wahr, daß

die Juden jetzt bei uns sind und daß sie den Ruthenen die Waffen abgenommen haben.«

»Ja – und?«

»Wir wollen keine Judenschutztruppe sein, und wir wollen auch keine bewaffneten Juden haben. Die Waffen gehören uns. Ich sage ja nichts. Aber schließlich sind sie Gäste, die niemand gerufen hat. Sie sollen uns die Gewehre geben und die Munition.«

»Die zwölf Gewehre, die sie für sich behalten haben von der ganzen Beute, haben sie mit siebzehn Toten bezahlt, teuer genug! Haben die Akowcy Angst vor den zwölf Juden?« fragte Skarbek.

»Angst? Angst kann man nicht sagen, aber ganz einfach, wir brauchen keine Juden, Waffen aber kann man immer brauchen. Und was soll geschehen? Schickt man sie hinaus, werden sie unser Versteck verraten, mit ihnen bleiben kann man auch nicht. Man muß mit ihnen Schluß machen, sagen die Burschen.«

Skarbek sprang auf ihn zu, die Flasche in der Hand, er hatte gerade wieder einschenken wollen. Der Mann zuckte zusammen, fühlte sich bedroht. Roman warf die Flasche mitten auf den großen Tisch. Der Schnaps rann glucksend aus, floß an den Vorderladern und den Säbeln vorbei bis zum Tischrand, die Tropfen fielen auf den Boden. Er sah eine Weile zu, wie der Strom sich auf dem

Tisch verbreiterte. Schließlich hob er den Kopf und blickte in Juseks Gesicht. Bauernschlauheit in den Augen, aber keine Bosheit in ihnen. Mund und Kinn weich, leichtsinnig, auftrumpfend. Die Nase – oben Apollo, unten eine Kartoffel. Die Wangen plattgedrückt. Viel Haare auf dem Kopf, langweilig blond. Ist überzeugt davon, daß es auf der Welt nichts Edleres gibt als einen Polen. Und würde jetzt gern in die Stollen zurückkehren, die gute Nachricht bringen, daß man die Juden erschlagen darf. Er denkt sich nichts Besonderes dabei, nichts Schlechtes, aber er ist ein Gefühlsmensch.

»Sag den Leuten, daß dieses Haus mir gehört, und wer sich darin befindet, mein Gast ist. Sag ihnen, daß wir Skarbeks es mit der Gastfreundschaft verflucht ernst nehmen. Und sag diesen blöden Bauern, daß ich stets im Einvernehmen mit der Regierung handle und in jedem Punkt ihrem Befehl nachkomme. Sollte in meiner Abwesenheit irgend etwas geschehen, so werde ich dich erledigen, Jusek. Abtreten!«

Das sind die Nerven, sind nichts mehr wert, dachte Roman, als Jusek gegangen war. Oder noch eine von den unerwarteten Erbschaften, wie die Wechselchen und die Versprechen, die Papa überall in der Welt ausgestreut hat. Käme Post von draußen, so würde sicher eine Mahnung von einem *Maître d'hôtel* aus Hendaye oder aus Deauville kommen, das schriftlich gegebene Versprechen des

Comte Stanislaus Skarbek einzulösen. Papas Zornanfälle – spät hab' ich sie geerbt, sie auch.

Seit er zurück war, wollte er den Saal in Ordnung bringen, aber nicht einmal das hatte er getan. Um das Volk kümmerte er sich, um den Pöbel. Unter sich wollten sie sein, in exquisiter Gesellschaft. Unter jeder Herrschaft haben sie sich geduckt, in jedes Joch hat man sie gespannt. In diesem Land haben nur wir rebelliert, dachte er, das Volk nicht. Uns hat man exiliert, nach Sibirien verbannt, nicht das Volk. Saugegel. Ich sollte nicht fahren. Ein Unglück wird geschehen. Ich kann's verhindern, wenn ich dableibe.

Aber er mußte in die Stadt, um Geld zu besorgen. Der Unterhalt dieser Leute war teuer. Und man konnte jetzt Ahnen gut verkaufen. Die Herren vom schwarzen Markt hängten gern solche Bilder in ihre Häuser. Die leichtsinnige Ururgroßmutter konnte dableiben. Sie würde nun nicht mehr die bärtigen Herren entmutigen.

Er holte die Porträts der Skarbeks von der Wand, Staub wirbelte auf und fiel langsam zu Boden. Hinter dem Porträt des Ahnen Kazimierz kam ein Brief zum Vorschein. Die riesige Schrift bedeckte zwei Seiten. Aber es waren nur wenige Sätze, ein Gemisch von Polnisch und Französisch. »Wir erwarten mit Herzklopfen die große, die wunderbare Nachricht. Wir leben nicht mehr – ich zum Beispiel habe mein Gepäck schon abgeschickt. Es ist sicher schon in Dresden. Ach, ihr Teuren, diesmal wird es gelingen, wir fühlen es alle, Polen wird frei sein für immer. O ma patrie! Ojczyzna moja!« So ging das weiter, exaltiert. Der Brief, nun über hundertzehn Jahre alt, kam aus Paris, wahrscheinlich selbst damals zu spät, der Adressat saß schon in der Warschauer Zitadelle. Dann wurde er nach Rußland verschleppt, verurteilt und nach Sibirien verbannt. Von dort brachte er sechs Jahre später ein Tagebuch zurück, darin berichtete er ausschließlich über Jagden. Bis zum Ende blieb es zweifelhaft, ob der Ahne dort drei oder viel mehr Bastarde zurückgelassen hatte. Je älter er wurde, um so größer wurde in seiner Erinnerung die Zahl seiner sibirischen Nachkommen.

Vielleicht Kazimierz nicht verkaufen. Außerdem sollte ich heute nicht fahren, dachte er. Besser, ich bilde mir nicht ein, daß ich seit heute früh 9.23 Uhr in Jadwiga verliebt bin.

Die alte Dienerin kam die Stiegen herauf. Klopfte sie an seine Tür, bevor er bis fünfundzwanzig gezählt hatte, dann fuhr er nicht. Irgend etwas hielt sie auf, Minuten verstrichen, bevor sie, ohne anzuklopfen, die Tür öffnete und mürrisch fragte, was er zum Abendbrot wünsche. Zu spät! Er holte die beiden Pferde – die glücklichen, sie allein waren legal – und spannte an. Die Frau half ihm die Bilder im Schlitten verstauen. Es schneite noch immer, aber er mochte nicht länger warten, nicht überlegen. Seit langem schon hatte er sich damit abgefunden, daß er ein Sünder war. Die Komödie des Gewissens, des inneren Widerstreits, an dessen Ende die Verlockung ja doch immer siegt, hatte keinen Reiz mehr für ihn. So schwach er sein mochte, er war stark genug, mit der Wahrheit über sich selbst zu leben.

Er mochte eine Meile von zu Hause sein, als er sich umdrehte, um zu sehen, ob nicht zuviel Schnee auf der Decke lag, die die Bilder bedeckte. Da bemerkte er, daß sich die Schnur gelöst hatte. Er zählte, ein Ahne fehlte. Mußte wohl in den Schnee gefallen sein. Er fuhr langsam zurück, um das Bild zu suchen. Er fand es erst in der Nähe der Kapelle. Es war Bronislaw der *Kosynier*, der Mäher. Sie hatten keine Waffen, so gingen sie mit Sensen gegen die Kosaken.

Es dunkelte schon. Roman hielt das Bild nahe an seine Brust. Spöttische Augen hatte der Kosynier und einen wollüstigen Mund. Noch einen Augenblick, und der Schnee wird seinen Schnurrbart weiß gefärbt haben. Armer Bronislaw, viel Glück bei Frauen und schreckliches Pech mit der Befreiung des Vaterlandes. Und jetzt beendet er die postume Karriere: Vorvater eines Wurstmachers muß er werden, damit die Akowcy zu essen und zu trinken haben.

Vielleicht ist das ein Zeichen, daß ich die Reise aufgeben soll, fragte sich Roman, während er das

Bild ins Stroh schob. Er zögerte. Aber als er wieder im Schlitten saß, war es ihm gewiß, daß er sofort Jadwiga sehen mußte. Er hatte keine Macht über seine Begierden.

Die Polen sangen wieder. Es war ein Soldatenlied. Keine gute Heiterkeit, dachte Bynie, der unter der Laterne stand, das Buch nahe den kurzsichtigen Augen. Unter den vielen Stimmen war eine, der suchte er zu folgen. Sie war nicht stark und verlor sich immer wieder im Lärm der anderen. Aber sie war rein. Trotz der Dummheit des Textes war, was sie sang, ein Gebet.

Es war Freitagnachmittag. In wenigen Stunden begann der Sabbat, der erste, seit sie aus Wolyna entflohen waren. Der erste, der nicht mit dem Segen begann, den der Vater über ihn zu sprechen pflegte.

Sie waren zwölf, also genug, um eine betende Gemeinde zu bilden. Es gab keinen Altar, keine Thorarollen. Schlimmer war, daß die Männer in den wenigen Tagen, besonders seit dem Kampf im Walde, sich verändert hatten. Sie schwankten zwischen stummer Hoffnungslosigkeit und beredter Heftigkeit. Manche wollten den Polen gleich sein, ihr eigenes Sein auslöschen und im Fremden die Rettung finden. Sie sprachen unter sich nur noch polnisch und fluchten wie Skarbeks Leute. Sie gingen gern zum großen Stollen hinüber, wollten sich einschmeicheln, verteilten Geschenke, erzählten zu ausführlich lustige Geschichten. Alles wollten sie tun, nur um nicht mehr sie selber zu sein. In der Nacht aber mußten sie an ihre Frauen und Kinder denken, die bei der Ziegelei hinter der Stadt in den Kalkgruben lagen, hingemäht am Tag nach dem Kampf im Buchenwald. Vielleicht sind wir schuldig, dachten sie. Wir hätten bei ihnen bleiben sollen und nicht versuchen, dem Schicksal zu entgehen. Aber am andern Morgen liefen sie wieder zu den Polen. Ach, sie hatten Angst zu leben und Angst zu sterben.

In mir ist nicht genug Güte, sonst könnte ich sie trösten, sagte sich Bynie. So viele Worte kannte er, doch keines kam ihm über die Lippen, wenn er sie ansah. Er verachtete sie nicht, aber er liebte sie auch nicht. Zweierlei Kainszeichen gibt es, das des Mörders und das jenes, der um jeden Preis überleben will. Denn er hat stillschweigend zugestimmt, daß alle anderen sterben sollen. Wie konnte man ihn da lieben?

Es gab andere, die waren seltsam verstört. Sie taten, was man ihnen befahl, wachten, schliefen, aßen, beteten, aber man fühlte, daß sie in Umnachtung fielen, sobald sie sich selbst überlassen waren. Dann wurde alles in ihnen starr. War es die Angst, die sie lähmte, oder die Trauer um die Toten? Sie gaben keinem Gefühl mehr Ausdruck. Nur ein Wunder konnte sie zum wahren Leben zurückbringen, dachte Bynie. Aber er konnte keine Wunder tun und hatte nicht das Recht, es auch nur zu versuchen. Er war vom Wege abgewichen.

Die drüben sangen nicht mehr. Bynie beugte sich wieder über das Buch. Er las halblaut: »Und Gott schuf den Menschen nach Seinem Bilde, nach dem Bilde Gottes schuf Er ihn. – Fragt der Kommentator: ›Wozu die Wiederholung, da doch: nach Seinem Bilde eindeutig ist?‹ Die Antwort lautet: Im ersten Teil des Satzes wird nur ausgesagt, daß der Allmächtige unter den zahllosen äußeren Formen gerade die eine gewählt hat, wie der Töpfer zuerst in seinem Geiste die Gestalt sieht, die er dem Ton geben wird. Als aber der Schöpfer das Gebilde ansah, den ersten Menschen, da zögerte Er und bedachte, daß Er nun nie mehr allein sein würde und daß Er mit seiner Form Seine eigene Würde einem schwachen Wesen anvertraute, das sie durch schändliche Taten zunichte machen könnte. Aber der Allmächtige änderte trotzdem das Ebenbild nicht. Der Mensch wurde Sein größtes Wagnis. Und um das zu unterstreichen, wird wiederholt: ›Nach dem Bilde Gottes schuf Er ihn‹, das heißt, das einzige Geschöpf, das berufen ist, heilig zu werden, und dessen Antlitz selbst ein Versprechen ist.«

»Was liest du da, junger Rabbi?« fragte Jusek.

»Ich lese nicht, ich lerne.«

»Was lernst du?«

»Den Anfang verstehen, das erste Kapitel des ersten Buches.«

»Das lernst du erst jetzt? Man sagt doch, daß ihr Juden schon als kleine Kinder in der Bibel lesen könnt. Der Teufel soll sich in euch auskennen! Ich bin gekommen, um eurem Chef zu sagen, daß ihr sofort die Gewehre und die Munition hier unter der Laterne zusammentragen sollt. Wir werden sie in unser Magazin legen. Und wenn es zu einer Aktion kommt, werden wir sie euch zurückgeben. Übersetz es ihm!«

Bynie rief Edi heran und übermittelte ihm die Worte des Polen. »Er soll mir den von Pan Skarbek selbst unterzeichneten schriftlichen Befehl bringen, dann werden wir tun, was er verlangt. Vorher werde ich ihm nicht eine leere Patronenhülse geben.«

»Übersetzt das nicht so!« sagte einer von den Wolynaern, die inzwischen herangekommen waren, auf jiddisch. »Was soll man böses Blut machen! Schließlich sind wir doch hier nur –«

»Ich habe die Antwort verstanden, du brauchst sie nicht zu übersetzen«, meinte Jusek unfreundlich. »Sag ihm, daß Pan Skarbek erst morgen oder übermorgen zurück sein wird, inzwischen müßt ihr mir gehorchen.«

Edi wollte wissen, warum und wozu Jusek die Waffen brauchte. Der Pole antwortete, es sei der Ordnung halber. Außerdem sei er nicht gekommen zu diskutieren. Er sprach übermäßig laut, bald erschienen einige seiner Kameraden.

»Ich sehe, die Juden bedrohen dich, Jusek. Sag, wer hat dich angegriffen?« fragte einer von ihnen.

»Niemand, Janusz, niemand. Aber es ist gut, daß ihr gekommen seid. Sie wollen die Waffen nicht übergeben. Ihr Führer sagt, daß er uns nicht einmal eine leere Patronenhülse geben wird.«

Die Polen drängten sich an Edi heran. Er zog sich bis zum Pfosten zurück. Sie drängten nach.

»Sag ihnen, Bynie, daß ich eine Bombe mit besonderer Füllung in der Tasche habe. Wenn sie mich anrühren, bringe ich sie zur Explosion. Ich werde draufgehen, aber sie alle mit mir. Übersetz schnell!«

Als sie verstanden hatten, zogen sich alle von ihm zurück, nur Bynie blieb beim Pfosten. Jusek rief in gebrochenem Deutsch: »Aber warum? Will ja nichts Schlechtes, warum nicht Waffen geben? Dann Ruhe, Friede, gute Freunde!«

Einer von den Juden näherte sich Edi von hinten und flüsterte ihm zu: »Es ist ein guter Mann. Geben wir ihm, was er will, und dazu noch eine goldene Münze in die Hand, dann wird Ruhe sein.« Edi drehte sich schnell um und sah dem Mann ins dicht behaarte Gesicht. Er packte ihn an der Brust und zog ihn nach vorn unters Licht, ohrfeigte ihn und warf ihn zu Boden. Die Polen näherten sich wieder, Edi versenkte die Rechte schnell in die

Manteltasche. Er sagte laut: »Ich bin Oberleutnant in der kaiserlichen und königlichen Armee gewesen und nicht gewohnt, von Gemeinen oder Unteroffizieren Befehle entgegenzunehmen. In diesem Stollen kommandiere ich. Wer daran zweifelt, soll es sagen. Ich erlaube Ihnen, Feldwebel Jusek, hierzubleiben, und befehle Ihnen, Ihre Leute sofort zurückzuschicken. Verstanden?«

»Wenn das so ist«, antwortete Jusek, »dann verbiete ich den Juden, auch nur einen Schritt aus diesem Stollen hinauszutun. Ich werde Wachen aufstellen. Wer sich zeigt, wird erschossen.«

Als die Polen gegangen waren, hob Edi den Wolynaer vom Boden auf und sagte laut, damit auch die anderen ihn hören sollten:

»Ich habe dich geschlagen, Mendel Rojzen, weil ich die Stimme des Ghettos zum Schweigen bringen will – ein für allemal. Wir werden aus diesem Keller nicht lebendig hinauskommen, wenn wir die anderen nicht davon überzeugen, daß es ein Wagnis ist, uns anzugreifen.«

»Ja, aber sie sind dreihundert, und wir sind zwölf«, wandte Rojzen ein. Er hatte Blut am Kinn, seine Oberlippe war geschwollen. »Wir müssen uns ihnen unterwerfen.«

»Wir müssen nichts mehr – wir sind, merkt euch das, die einzigen freien Juden weit und breit. Wir fürchten nichts mehr, niemand mehr. Habt ihr mich verstanden?«

Sie antworteten nicht. Sie sahen ihn auch nicht an. Nach einer Weile sagte Bynie: »Es ist leicht und es ist schwer zu verstehen, was Ihr meint. In wenigen Minuten ist Sabbat. Sagt, was wir tun sollen, denn es ist bald Zeit zu beten.«

»Was ist schwer zu verstehen?« fragte Edi heftig.

»Daß wir frei sind. Denn was heißt frei sein? Im Einverständnis mit seinem Gewissen handeln. Und was heißt das? Das heißt so handeln, wie es gut wäre, daß jeder handeln sollte. Die Gewalttat ist also nicht Freiheit.«

Edi unterbrach ihn: »Genug, sofort die Gewehre laden. Von jetzt ab werden immer vier Wache halten, je zwei an den beiden Enden des Stollens. Alarm geben, wenn sich jemand nähert, niemand durchlassen ohne meine Zustimmung. Ablösung alle zwei Stunden.«

Die Leute gehorchten, aber noch immer sahen sie ihn nicht an. Sie verstanden wohl, was er wollte, sie hielten ihn für einen klugen Mann. Aber in den wenigen Tagen war er ihnen immer fremder geworden. Sie fühlten deutlich, daß er sie verachtete und nur deshalb bereit war, mit ihnen zu sterben, weil er sein eigenes Leben gering schätzte. Er war ein Jude, gewiß, aber nur durch seine Geburt. Er konnte einen hebräischen Buchstaben vom anderen nicht unterscheiden, kannte kein einziges Gebet, hatte sicher nie auch nur ein einziges Gebot oder Verbot beachtet. Mit all seinem weltlichen Wissen war er für sie ein Ignorant. Und dieser Mann befehligte sie, hatte Gewalt über sie und behauptete im vollen Ernst, daß sie frei waren. Sechzehn Mann, ihre Brüder, Schwäger, Freunde, hatten sie am Waldrand verloren. Nun waren sie in der Macht der Polen. Was nützten da die Waffen? Besser, man gab sie diesem Jusek, wenn er darauf bestand, und wich einem Konflikt aus. Noch besser, man verhandelte mit ihnen, gab ihnen zu verstehen, daß man sich sozusagen als Mieter betrachtete und eine hohe Miete zahlen wollte. Aber woher soll dieser Fremde wissen, wie man sich mit Polen verständigen kann? Eine Bombe in der Tasche, alles in die Luft sprengen – nur an solche Sachen denkt er. Tag und Nacht grämt man sich das Herz ab, immer muß man an die Toten und Verlorenen denken. Man möchte von sich selbst die Haut abreißen, aber der Doktor Rubin denkt nur an neuen Tod. Halblaut sprachen sie den heiteren Text, mit dem man den Beginn des Sabbats zu begrüßen hat: »Komme, Geliebter, der Braut entgegen ...« Immer wieder blickten sie auf Bynie. Sein Vater war tot, ein Märtyrer, nun war dieser Junge der Rabbi. An ihm war es, sie zu führen. Er sollte entscheiden, ob sie dem Fremden folgen oder ihn endlich abschütteln sollten.

Nach dem Gebet umringten sie ihn. Einer sagte: »Ihr seid unser Rabbi, der Nachfolger des Wolynaer Zaddik. Sagt nun, was wir tun sollen. Wir werden hören und gehorchen.«

»Mein Vater ist vor kurzer Zeit von uns genommen worden, ich habe nicht genug gelernt, bin voller Fragen und weiß niemanden, der auf sie antworten wird. Ich weiß nicht, was der Sinn dessen ist, daß der fremde Jude gerade zu uns gekommen ist und von uns verlangt hat, daß wir uns wehren sollen. Er ist in seinem Herzen ein guter Mensch und dennoch so hart, wie ich keinen gesehen habe. Was beweist das? Das beweist, daß er nicht aus eigenem, sondern aus einem höheren Willen handelt. Von allen jüdischen Gemeinden ist Wolyna am längsten aufgespart worden. Und zu uns allein ist Dr. Rubin gekommen. Um uns zu retten? Ich glaube es nicht. Womit hätten wir es auch verdient, dem Tod zu entgehen, gerade wir? So ist der Sinn der, daß wir anders sterben sollen als die Unsrigen. Ich bitte und verpflichte euch, in allem dem Juden aus der Fremde zu gehorchen, wie auch ich es tue, der letzte Rabbi von Wolyna. Juden, ich wünsche euch einen guten, heiligen, einen fröhlichen Sabbat.«

Seit Generationen war es im Städtchen Brauch gewesen, daß am Freitagabend niemand das Bethaus verließ, ehe der Rabbi diese Formel ausgesprochen hatte.

Die Nacht verlief ruhig. Am Morgen kam Jusek und bat die Wache freundlich, Rubin und Bynie zu rufen.

»Sie müssen wissen, Herr Oberleutnant, meine Lage ist schwierig. Ich bin nämlich nicht euer Feind, im Gegenteil, ich will unbedingt verhindern, daß etwas passiert. Ich kann die Leute beruhigen, wenn Sie mir wenigstens die Munition geben, die Waffen können Sie behalten.«

»Sie haben mir noch nicht erklärt, warum ihr uns wehrlos machen wollt«, übersetzte Bynie Edis Antwort.

»Es ist nur wegen der Gerechtigkeit. Ihr habt die Milizionäre getötet und ihnen die Gewehre abgenommen, bessere, als wir haben. Und das dank uns. Also ist es ein Unrecht, sagen die Unsrigen.«

»Ihre Leute vergessen in diesem Fall, daß wir euch von der Beute abgegeben haben, die uns sechzehn Mann und euch nur eine elektrische Lampe gekostet hat. Sie sind gefallen, um euern Rückmarsch zu decken. Gehen Sie zurück, Feldwebel, und fragen Sie Ihre Leute, ob wir nicht quitt sind.«

Jusek zögerte, wollte zurückgehen, doch dann drehte er sich wieder um und sagte: »Na ja! Ich versteh' schon, Herr Oberleutnant. Aber andererseits ist es ja unser Gebiet, hier gehört alles uns. Und ich will doch nur ein Unglück vermeiden, geben Sie uns also Ihre Patronen.«

»Sag ihm, Bynie, ich werde ihm hundertachtzig Patronen geben, er soll mir dafür schriftlich den Empfang bestätigen und sich verpflichten, daß keine Forderung mehr nachkommt.«

»Nicht genug!« sagte Jusek. Ein böses Lächeln spielte um seine Lippen. Man konnte glauben, er hätte sich plötzlich besoffen. »Nicht genug. Die ganze Munition wollen wir. Und wir werden kommen und suchen, ob wirklich keine mehr versteckt ist. Wir lassen uns auf jüdische Schachermacher nicht ein. Also gebt uns, was uns gehört, oder wir werden es uns mit Gewalt nehmen.«

»Bynie, übersetz wörtlich die Antwort: Die einzige Art, in der wir Patronen abliefern, ist durch das Rohr unserer Gewehre. Nun soll er sofort gehen.«

Jusek schüttelte den Kopf. Er schien verwirrt und wiederholte zweimal: »Aber ich bin doch als Freund gekommen, will ja nur ein Unglück verhindern.«

Endlich ging er. Die Polen sangen wieder.

»Du weißt, daß ich recht habe, nicht wahr, Bynie?« sagte Edi.

»Sie singen schön, vierstimmig, aber die Ruthenen singen noch besser. Ob Ihr recht habt? Ich weiß es nicht. Die Deutschen wollten wir bekämpfen und Böhle lebend fangen, Ruthenen haben wir getötet. Wir werden einige Polen töten und von ihnen vernichtet werden. Jusek haßt uns nicht, er verachtet uns nur. Ihr aber, Doktor Rubin, Ihr fürchtet nicht den Haß, sondern nur die Verachtung. Es kommt jedoch nicht auf die Meinung der Menschen an. Wenn Gott es will, werdet Ihr als einziger überleben, denn Ihr seid der einzige Unwissende unter uns. Der anderen ist Gott sicher, Euch aber muß er aus der Wüste hinausführen, denn sonst werdet Ihr für nichts gelebt haben.«

»Genug gepredigt, junger Rabbi! Wir müssen jetzt die Holzverschalung abreißen und Barrikaden bauen. Die Polen werden in einigen Minuten angreifen.«

»Warten wir noch einige Stunden, bis der Sabbat vorüber ist.«

»Dann ist es zu spät, man muß sofort –«

»Ich erlaube es nicht. Wir werden den Sabbat nur entweihen, um uns zu wehren, wenn sie kommen, sonst werden wir ihn heilig halten.«

»Das ist Wahnsinn, Bynie, Wahnsinn!«

Der Junge gab nicht nach, die Wolynaer waren auf seiner Seite.

Wenn Roman die Zügel ein wenig anzog, hoben die Pferde, der junge Rappe und nach ihm die braune Stute, ein wenig den Kopf, mit einer kaum merklichen Wendung zu ihm, wie um ihr Erstaunen auszudrücken. Denn sie liefen schnell genug, beschwingt, als ob sie nicht den Schlitten hinter sich herzögen. Beschämt lockerte er wieder die Zügel, die Pferde warfen die Köpfe nach vorn und rannten weiter, in die weiße Ferne.

Wenn es die Liebe ist, die wahre, die große, die endgültige, erwog Roman, warum hat sie wie irgendeine nächtliche Begegnung begonnen, die am andern Tag einem lächerlichen, aber unwichtigen Mißverständnis ähnlich sieht? Am Dienstag morgen habe ich Jadwiga mitgenommen, am Donnerstag vorabends zurückgeschickt, macht achtundvierzig, sagen wir achtundfünfzig Stunden. Ich hatte mehr als genug von ihr. Acht Tage später, wieder am Morgen, hatte ich plötzlich die Gewißheit, daß ich sie wiedersehen muß. Und jetzt, zwei Tage später, ist es sicher, ich liebe sie. Warum nicht gleich am Anfang?

»Mach einen Umweg, einen weiten, es ist schön hier. Es wäre wunderbar, niemals anzukommen«, sagte Jadwiga.

»Niemals anzukommen«, wiederholte er. Und niemals erfahren, was inzwischen geschehen ist in dem Stollen. Er fügte hinzu: »Hast du viele Liebesromane gelesen und herausgefunden, warum Leute einander lieben?«

»Warum sie einander lieben?« wiederholte sie.

»Ja, es ist möglich, daß zehn, ja vielleicht zwanzig Leute ihr Leben verloren haben, nur weil ich, statt zu Hause zu bleiben, in die Stadt gefahren bin, um dich zu suchen. Ich habe es bedacht und bin trotzdem weg, deinetwegen. Das ist nicht normal.«

Sie lachte laut auf. Was er da sagte, war ein Scherz, ein übertriebenes Kompliment, dachte sie. Er drehte sich zu ihr um und sah ihr ins lachende

Gesicht. Sie war hübsch, nicht mehr. Viel schönere Frauen hatten ihn geliebt; sogar das Gänschen, mit dem ihn die Mutter verheiraten wollte, war hübscher.

»Es ist wahr«, sagte er ernst, »es handelt sich um Juden.«

»Nein, nein«, unterbrach sie ihn, »es handelt sich um mich und um dich, um uns beide. Es gibt niemanden sonst.«

Sie spricht wie eine mediokre Komödiantin in einem dieser blöden Filme. Vielleicht ist alles nur Einbildung, und ich liebe sie gar nicht – Gott, das wäre schön! Aber an allem ist dieser Doktor Rubin schuld. Seit er aufgetaucht ist, bin ich nicht mehr der gleiche. Er liegt mit seinen Juden im Stollen unten, und ich fühle mich in meinem eigenen Zimmer nicht mehr zu Hause. Verrückte verwirren die Gefühle der Normalen, das ist bekannt. Alles war so einfach zuvor. Juden sind wie Frauen – sobald sie erscheinen, wird alles kompliziert.

Wieviel Pferde hast du?« fragte sie.

»Illegal viele, auch Reitpferde.«

»Du solltest sie verkaufen und dir ein Auto anschaffen.«

Seinen Namen kannte sie und sein Muttermal auf der linken Achsel, von seiner Familie wußte sie, natürlich. Und sie war auch darüber informiert, daß er nicht mehr reich war. Und daß er gern Karten spielte. Und seit zwei Tagen wußte sie, daß er sie liebte. Sonst hatte sie keine Ahnung von ihm.

»Jetzt sind wir fast angekommen, nicht wahr? Warum hast du nicht den Umweg gemacht, Roman?«

»Ich mache nur Umwege, Liebste. Es ist schon Nacht, und wir werden erst in einer Stunde zu Hause sein.«

Vielleicht komme ich zu spät, dachte er. Niemand wird mich anklagen, ich allein werde wissen, daß ich wegen einer Liebschaft ausgerissen bin. Liebschaft oder Liebe, unwichtig in diesem Fall. »Er erwartete von ihnen keine Hilfe, kein Mitleid, deshalb sah er sie nicht an, die Polen.« Eine von Rubins Geschichten. Er wird mich nicht ansehen, wenn etwas geschehen ist. Oder er ist schon tot. Jadwigas Mann ist tot. Sie hätte ihn retten können, aber ihre Angst war zu groß, sie dachte nur an sich. Und diese Frau nehme ich zu mir.

Er riß die Zügel an, gab sie der Frau in die Hand, verließ den Schlitten und stapfte durch den Schnee. Nicht weit vom Wege stand eine kleine Kapelle. Er konnte das Bild der Mutter Gottes nicht sehen, aber er kannte es seit seiner Kindheit. Er entblößte sich und machte das Kreuz. Aber das Gebet kam nicht über seine Lippen. Er wartete. Dann sagte er halblaut: »Hab Geduld mit mir, viel Geduld«, bekreuzigte sich wieder, machte eine tiefe Verbeugung und ging zu Jadwiga zurück.

Es war angenehm warm im Zimmer. Es roch nach Fichte – die alte Dienerin hatte ausnahmsweise nicht vergessen, einzuheizen.

»Sag etwas, Roman! Wenn du schweigst, bekomm' ich Angst und denke, daß alles Einbildung ist, daß du nicht zurückgekommen bist, daß du mir nichts gesagt hast –«

Er setzte sich zu ihren Füßen auf das alte Fell neben dem Ofen und lehnte den Kopf an ihre Knie.

»Sag etwas!« wiederholte sie. »Ich vertrage das Schweigen nicht.«

Er mußte sich zur Antwort zwingen: »Es ist keine Einbildung, ich habe alles im Stich gelassen, um dich zu holen. Und deshalb bist du jetzt hier.«

Und deshalb ist wahrscheinlich ein Unglück geschehen, dachte er. Ich müßte sofort hinuntergehen, vielleicht ist's noch nicht zu spät.

»Warum trinken wir nicht den alten Madeira, den du mir versprochen hast? Die letzte Flasche, hast du gesagt.«

Sie schickt mich selbst in den Keller. Ich liebe eine Frau, die immer das Verkehrte tut. Er erhob sich, an der Tür zögerte er noch, doch dann ging er schnell davon. Es gab keine Wachen unten, das bedeutete nichts, er hatte selber befohlen, sie einzuziehen. Er lauschte, ihm schien, er hörte ein dumpfes Geräusch, wie ein fernes, nicht starkes Rollen des Donners. Aber es konnte eine Täuschung sein. Wenn ich jetzt nicht hingehe, bin ich ein Feigling, sagte er sich. Er steckte einige Flaschen unter den Arm, näherte sich wieder dem geheimen Zugang, lauschte. Nein, er hörte nichts.

Er trank zuviel an diesem Abend, er wußte, was er finden wollte: die Wollust der überreizten Sinne, hinter der alles verschwinden kann – und wäre es eine Welt. Selbst die Frau verschwand für einige Zeit hinter den Teilen ihres Körpers. Alles war Lockung und nichts Erfüllung. Langsam gliederten sich die Teile wieder zu einem Ganzen. Von der Bemühung, sich in einem Frauenleib für ewig auszulöschen, blieb nur eine schnell verschwimmende Erinnerung.

Er erwachte mit einem schlechten Geschmack im Gaumen. Nein, die Uhr lag nicht auf dem Nachttisch. Er stieg aus dem Bett, suchte sie vergebens und begann sich wieder anzuziehen. Als er sich zur Tür vortastete, fiel ein Stuhl um. Aber Jadwiga erwachte nicht.

Erst im zweiten, tieferen Tunnel begegnete er einer Wache. Der Mann erschrak sichtlich und ließ ihn erst durch, nachdem Skarbek sich auch mit Worten zu erkennen gegeben hatte.

Er beschleunigte den Schritt, lief, als käme es gerade jetzt auf eine Minute an. Als er sich dem großen Stollen näherte, bemerkte er, daß drei Lampen nebeneinander hingen. Das mußte etwas zu bedeuten haben, er lief auf sie zu.

»Es ist nichts, ein kleines Wundfieber, vergeht von selbst«, sagte der junge Medizinstudent. »Der Verband ist in Ordnung.«

»Was ist los?« fragte Skarbek.

»Es sind die Verwundeten. Vier. Nicht schwer, so mittel«, antwortete der junge Mann, während er langsam den Blick von dem stöhnenden Verletzten abwandte und erstaunt auf Skarbek richtete.

»Was ist geschehen? Jusek, sofort her!« rief Skarbek.

»Er ist bei den Pferden oder vielleicht ist er weg, der Jusek«, sagte einer der Verletzten. »Es ist die Schuld der Juden, sie haben provoziert. Und mich haben sie so zugerichtet, daß ich nie mehr werde aufrecht gehen können.«

Skarbek ging langsam an den schlafenden Männern vorbei, rief immer wieder leise nach Jusek. Niemand antwortete. Sie tun nur so, als ob sie schlafen, sagte er sich, blieb stehen, rüttelte einen an den Schultern und forderte ihn auf, zu erzählen, was geschehen war. Der Mann verließ langsam sein Strohlager und stellte sich in den Gang vor Skarbek hin.

»Was geschehen ist? Wir wollten von den Juden die Gewehre zurückhaben oder wenigstens die Patronen. Sie hätten uns ja im Schlaf überfallen können. Ihr Gott hat ihnen befohlen, Christen zu töten, so wie sie unsern Herrn Jesus gekreuzigt haben. Jusek hat mit ihnen freundlich gesprochen, alles hat er ihnen erklärt, fein, gut, aber sie wollten nicht. Und da haben wir gleich gewußt, daß sie wirklich was sehr Schlechtes vorhaben. Gut! Und dann, wie wir schon sind, haben wir ihnen noch und noch Zeit gelassen, sich vorzubereiten. Und wie wir gekommen sind, uns die Gewehre zu holen oder wenigstens die Munition, was sehen wir? Die stehen schon da, schußbereit. Das haben wir uns natürlich nicht gefallen lassen. Wir haben vier Verwundete. Wie sie aufgehört haben zu schießen, haben wir uns zurückgezogen, ohne uns um sie zu kümmern. Das ist der beste Beweis, sage ich –«

»Beweis wofür?«

»Dafür, daß wir nur Sicherheit gewollt haben und nicht ihre Gewehre. Das wäre ja noch schöner, daß sich anständige Katholiken vor ein paar Juden fürchten müßten. Und daß sie geschossen haben, ist der beste Beweis dafür, sage ich, daß sie vorhatten, uns bei der ersten Gelegenheit feig zu überfallen. Gott sei Dank sind wir –«

Roman lief zum Seitenstollen. Es war völlig dunkel. Er leuchtete mit der Taschenlampe den Gang ab.

»Halt, nicht weitergehen, halt!« rief es aus der Ecke.

»Ich bin's«, antwortete Roman schnell und richtete das Licht auf sein eigenes Gesicht. »Sind Sie es, Dr. Rubin?«

Er wartete vergebens auf Antwort und ging dann langsam vorwärts. Er stolperte über Leichen.

»Ich bin es«, wiederholte er, als sein Licht Edis Gesicht traf. Er blieb wie gebannt stehen. Die Augen hinter der Brille bewegten sich, aber das Gesicht war starr. Die Taschenlampe fiel ihm aus der Hand, er kniete nieder, um sie aufzuheben. Im Halbdunkel erkannte er, daß Edi jemanden neben sich hatte.

»Ich bin zu spät gekommen«, sagte Roman und hob die Lampe wieder auf. »Ich will retten, was noch zu retten ist.«

»Es gibt keine Rettung für uns, die Welt ist voll von Ihresgleichen. Bynie ist schwer verwundet, der Mann da, Rojzen heißt er, leicht, aber er kann nicht gehen, am Fuß verletzt, ich am linken Ellenbogen. Alle anderen sind tot. Geben Sie mir Gift für mich und Bynie. Alle Patronen ausgeschossen. Was Rojzen betrifft –«

»Kein Gift!« schrie Roman, »kein Gift! Ich werde euch alle drei retten, ich –«

Er sprach nicht zu Ende, lief zu den Posten zurück und sagte:

»Ihr habt sie getötet, alle außer dreien, die verwundet sind. Ich will sie sofort von hier wegbringen. Ich brauche Leute, die mir helfen, sie durch den Tunnel bis nach vorne zu tragen, zum Schlitten. Nur Freiwillige!«

Alle, die wach waren, meldeten sich.

»Ach, das bist du, Tadeusz, der mich in der Nacht wecken läßt«, sagte die Oberin gleichgültig. Im Licht der Laterne, die auf dem Tisch stand, konnte er nur ihr männliches Kinn und den breiten Mund unterscheiden.

»Nein, ich bin Roman, der Sohn Ihres Bruders Stanislaus.«

»Und sofort!« zitierte sie. Ihr Mund verzog sich zu einem Lächeln. »Also, Roman – ›und sofort!‹ Das pflegtest du zu sagen, wenn du was wolltest, als du noch ein Kind warst. Kommst um drei Uhr nachts, weckst das Kloster auf – immer das gleiche ›und sofort!‹«

»Ich komme in großer Not zu Ihnen, Tante, Pardon, Schwester Oberin. Drei Verwundete, Juden, man muß sie verstecken!«

»Du hast sie verletzt?«

»Nein, aber ich bin verantwortlich.«

»Dann versteck sie bei dir oder bei deiner Mutter. Wir haben's auch so schon schwer genug.«

»Ich habe die Verwundeten mitgebracht. Sie sind hier. Der Sohn des Wolynaer Rabbi –«

»Gut, der kann hierbleiben. Die beiden anderen müssen weg. Wir können uns nicht mit ihnen belasten, wir haben einige jüdische Kinder. Das genügt, wir sind arm!«

»Schwester Oberin, ich werde morgen zum Notar fahren, und alle Felder und dazu noch den

Bochynier Wald werde ich Ihrem Kloster schenken, wenn Sie die drei behalten.«

»Bist ein Spieler wie dein seliger Vater, Roman, wer soll dich ernst nehmen? Nimm die Laterne und führ mich zu ihnen.«

Er führte sie in den Gang neben der Pforte, wo er die drei zurückgelassen hatte. Bynie schlug die Augen auf, als sich die Oberin über ihn beugte und ihn fragte:

»Wer bist du, junger Mann?«

Er lag halbausgestreckt, den Kopf auf Edis rechtem Arm. Das Licht störte ihn, er schloß die Augen.

»Zwei lange Messer, sehr spitze Messer«, sagte er. Sie staken in seinem Leibe. Jemand drehte sie immer wieder um, bis die Spitzen einander berührten und der Schmerz furchtbar wurde, atemberaubend.

»Er fiebert, der Arme«, meinte die Oberin und legte die Hand auf die Stirn des Jungen. Sie wiederholte die Frage: »Wer bist du?«

Er hob den Kopf, schob die Mütze zurecht, betrachtete lange die Frau und das Kreuz, das sie am Hals trug, ehe er antwortete: »Ich bin der Sohn des Wolynaer Zaddik, den die Christen getötet haben. Ich bin der letzte Rabbi der heiligen Gemeinde Wolyna. Auch mich haben sie getötet.«

Er fühlte, wie die Spitzen der Messer einander näher kamen, und hatte furchtbare Angst, aber er durfte die Augen nicht schließen, die Nonne sollte nicht glauben, daß er ihr Mitleid suchte.

»Wie lange soll ich sie behalten, Roman?« fragte sie.

»In zwei, drei Monaten werde ich sie holen kommen. Sie können dessen sicher sein. Und zum Notar werde ich morgen gehen, glauben Sie es mir, bitte!«

»Du hast gesagt, du bist verantwortlich für sie. Du mußt wissen, warum.«

»Ich weiß es.«

Roman war eingeschlafen, nur für einige Augenblicke. Als er erwachte, merkte er, daß die Pferde stehengeblieben waren. Er ermunterte sie, weiterzulaufen, aber sie rührten sich nicht, ihre Flanken bebten. Er stieg aus dem Schlitten, streichelte sie, suchte sie zu beruhigen. Vergebens. Er lauschte. Von nirgends ein Geräusch. Er ging nach vorne, blickte nach allen Richtungen, um sich wieder zurechtzufinden. Erst als er ein sonderbares Knistern unter seinen Schritten hörte, erfaßte er, daß sie mitten auf dem vereisten Flusse standen.

Er kehrte zu den Pferden zurück. Sie taten ihm leid, waren übermüdet und ängstlich. Auch sie hatten das Zutrauen zu ihm verloren. Er holte das Stroh hervor, in dem man die Verwundeten gebettet hatte, schichtete es in zwei großen Haufen unter den Bäuchen der Tiere auf und zündete es an.

Er nahm seinen Platz wieder ein, hielt die Zügel fest in den Händen. Bald flackerte das Feuer hoch auf und sengte das Fell der Pferde an. Sie stürmten vorwärts.

Nun hatten sie den Fluß hinter sich und jagten den Rand des großen Waldes entlang. Von hier ab kannten sie den Weg nach Hause. Roman hätte ruhig schlafen können, er blieb wach. Nur das Gebet konnte ihn retten, aber ihm war gewiß, daß er jetzt nicht beten könnte, daß es sich ihm vielleicht für immer versagen würde.

Bisher hatte er selbst mitten in der Sünde gewußt, daß es die Reue gab und die Vergebung. In dieser Stunde, der letzten einer endlosen Winternacht, verzweifelte er zum erstenmal an sich selbst und somit am göttlichen Erbarmen. Nicht Reue, sondern Rechenschaft verlangte von ihm der Gott des letzten Rabbis von Wolyna. In dieser Stunde verweigerte er Roman die Gnade des Gebets.

Viertes Kapitel

Es war der frühe Frühling. Der Schnee schmolz am Tage, der kalte Wind der Nacht zeichnete in ihm die letzten Runzeln, die die Erde dunkel färbten. Die Eisblumen an den Fenstern gerieten in Bewegung, verströmten in vielen Bächen, mündeten in den Schnee am Gesims und vertropften mit ihm zusammen auf die Gartenbeete.

Noch schneite es manchmal, besonders an den Vorabenden, wenn der Ostwind ging, und man mochte fürchten, daß der Winter, kaum zu Ende, wieder begann.

Edi verfolgte diesmal das alte Spiel mit solcher Empfindsamkeit, weil er im Banne des Jungen lebte, zwischen Hoffnung und Bangnis. Denn Bynie schien verloren in einer Stunde und gerettet in der nächsten. Seit Wochen wechselten so die Gewißheiten wie Ebbe und Flut.

»Er ist außer Gefahr«, mochte Dr. Tarlo das eine Mal erklären. »Daß er 37,8 hat, beweist nichts. Wahrscheinlich hat er immer Fieber gehabt. Es würde zu ihm passen. Dürr wie eine Spindel, auch das beweist nichts. Er ist kein Patient, sondern ein Trotzkopf. Die Wunden habe ich ihm fast völlig ausgeheilt, den Trotz wird man ihm am Tag des Jüngsten Gerichts austreiben, ihm wie allen seinen Glaubensgenossen.«

Aber beim nächsten Besuch konnte er sagen:

»Wozu rufen Sie mich? Sterben kann er ohne Arzt, die letzte Ölung will er nicht, ich könnte sie ihm auch nicht geben. Die Infektion breitet sich ständig aus. Gegen Septikämie helfen neue Antibiotika, die ich nicht habe, sonst nur ein Wunder.«

Er war ein alter Mann, der Dr. Tarlo, sechsundsiebzig oder achtundsechzig Jahre alt, das hing von den Tagen ab, von der Stunde, denn auch in diesen Angaben war er widerspruchsvoll. Er hatte in Wien studiert, ein reicher Adeliger, der aus Spaß oder zum Trotz sich die Jugend anders vertreiben wollte als seine Cousins. Er gedachte nicht zu praktizieren, sondern höchstens ein, zwei Jahre als Schiffsarzt zu arbeiten, oder als Mitglied einer kühnen Expedition zum Nordpol. Aber dann erwies es sich, daß er gar nicht mehr reich war und daß die Eltern seine Unterstützung brauchten. So kehrte er zurück, mit einem hübschen Wiener Mädel, das sollte ihm den Haushalt führen, und mit einer großen Bibliothek. Nach dem Tode der Eltern heiratete er die Geliebte, die Bücher befragte er immer seltener. Die Patienten waren ihm teuer, solange sie leidend waren. Alle: Polen, Juden, Ukrainer. Und er verachtete sie wie alle, die er liebte, in der Art eines ehrgeizigen Vaters, der dem geliebten Sohn nicht verzeihen kann, daß er ein Dummkopf und ein Lügner ist. Im herbstlichen Regen, im Schneesturm, in der sengenden Hitze, immer war er unterwegs, überall erwarteten ihn die Kranken. Sie glaubten an ihn und fürchteten ihn.

»Warum soll die Kugel nicht in der Lunge bleiben, wen stört es? Und wenn er an diesem Schuß nicht gestorben ist, wird er fünfundachtzig Jahre alt werden wie alle seine Vorfahren. Die Schenkelwunde ärgert mich, das ist wahr. Aber ich lache sie aus – nichts!« sagte er das eine Mal, aber drei Tage später versuchte er, einen Fixationsabszeß zu provozieren. Die Injektionen brachten keinen Erfolg, aber das Fieber ging ein wenig zurück; es war ein besonderer, untypischer Fall. Er konnte ausheilen oder auch nicht.

Der Arzt kam nicht ungern ins Kloster, in dieses alte Schloß, das vor Jahrhunderten seiner Familie gehört hatte. Auch das verbaute, geheime Zimmer im Hintertrakt, in dem Bynie lag, gefiel ihm gut. Er schwatzte oft mit dem Kranken, machte sich lustig über ihn und über die »jüdischen Weisheiten«, von denen er nie zuviel hören konnte.

»Erklär mir das noch, wenn du schon ein Rabbi bist, ein Rabbi im Kloster Immaculata«, sagte Dr. Tarlo, nachdem er die Wunde frisch verbunden hatte. An diesem Tage glaubte er, daß nun alles gut ginge. »Warum ist euer Sonntag eine Strafe? Man darf nichts tun, was einem Spaß machen würde. Nicht einmal rauchen. Und die Barrikaden zu bauen hast du verboten, die euch hätten retten können. Das ist doch nicht logisch. Oder kann ein Goj das nicht verstehen?«

»Ein *Goj* kann verstehen, aber er will nicht. Vergeßt nicht, Herr Doktor, allen Völkern hat der Schöpfer seine Lehre angeboten, und alle haben sie abgelehnt. Sie wollten nicht das schwere Joch tragen. Nur wir haben sie angenommen. Und auch das müßt Ihr wissen: Vor dem Berge Sinai standen damals nicht nur jene Juden, die Moses aus Ägypten herausgeführt hat, sondern alle Generationen, die seither gefolgt sind und die folgen werden, bis ans Ende der Tage. Jeder von uns hat damals ja gesagt, jeder.«

»Deck dich nicht auf, Kleiner, laß die Arme unter der Decke! Erzähl mir keine mystischen Geschichten! Ich habe dich aus dem Leib deiner Mutter gezogen, vor sechzehneinhalb Jahren. Wo du vor deiner Geburt gewesen bist, weiß ich also besser als du. Erklär mir lieber diesen Unsinn wegen eures Sabbats, und dann geh ich, du bist nicht mein einziger Patient.«

»Es handelt sich darum, Herr Doktor, den Menschen vom Alltag zu befreien. Nur die Seele, die sich von der Natur befreit, sich über der Erde erhebt, kann sich mit Gott verbinden. Herr Doktor, Ihr sollt wissen und bedenken, daß, wenn ein einziges Mal alle Menschen auf dieser Erde den Sabbat wirklich feierten, so würde der Alltag nie mehr wiederkehren, die Erlösung wäre da für alle, auch für Gott, der schon so lange auf sie wartet. Ihr macht Euch lustig darüber, Herr Doktor, daß man am Sabbat keine Zigarette rauchen darf. Und es wäre auch lächerlich, wenn es sich darum handelte. Aber bedenkt: was ist die Größe Eurer Hand, verglichen mit der Größe des Alls? Hebt aber die Hand vor die Augen, und sie wird Euch die ganze Welt verstellen.«

»Ich gehe, Bynie. Ich verbiete dir ausdrücklich, so viel zu sprechen, außer mit mir. Es strengt dich zu sehr an. Und was du da gesagt hast, ist alles Unsinn. Nur in einem Punkt hast du recht: Ich kann verstehen, aber ich will nicht.«

»Doktor Rubin«, sagte der Arzt zu Edi, der ihn hinunterbegleitete, »ich bin durchaus optimistisch. Sie haben's ja sicher auch bemerkt, die Wunde sieht heute gar nicht übel aus.«

»Ich weiß nicht«, antwortete Edi zögernd, »die Nacht war sehr schlecht, das Fieber –«

»Glauben Sie an Wunder?« unterbrach ihn Tarlo.

»Nein, keineswegs.«

»Aber der Rabbi glaubt, und vielleicht kann er sie wirken. Im Londoner Radio spricht man über ein Pilzpräparat, Penicillin nennen sie es. Wenn ich es hätte, wäre ich nicht auf Wunder angewiesen. So aber, und weil mir der Gedanke unerträglich ist, daß dieser Junge, von meinen eigenen Leuten getötet, sterben soll, Sie verstehen –.«

Edi nickte, aber er verstand nicht. Der alte Mann ging schnell und ganz aufrecht – heute war er wieder jünger – durch den langen Gang auf die Pforte zu. Ein Bauernjunge sprang vor, nahm ihm die Tasche ab und folgte ihm hinaus zum Wagen, der draußen wartete. Natürlich, es gab überall Kinder und Jugendliche. Sie liefen Schlittschuhe auf den vereisten Bächen, sie sausten auf ihren Rodeln die Hügel hinunter – mit geröteten Wangen kehrten sie zu ihren Eltern zurück. Natürlich.

Edi wandte sich um und ging zu den Wirtschaftsgebäuden. Dort, gewöhnlich in der Nähe der Küche, hielt sich Rojzen auf. Er humpelte zwar noch, vielleicht mehr, als er mußte, aber seine Verletzung war ausgeheilt. Er befürchtete, daß ihn die Oberin eines Tages aus dem Kloster weisen würde. So machte er sich nützlich, wo er konnte, am liebsten in einer Art, die niemand entgehen konnte. Er hatte der Oberin angetragen, für sie einen Teppich zu knüpfen, und obschon sie es abgelehnt hatte, arbeitete er an ihm. Der Ökonom brachte ihm das Material, dessen es hierzu bedurfte. Skarbek hatte einige Sachen mitgebracht, Bynies Bücher und drei Geigen, die er im Stollen der Juden gefunden hatte. Rojzen spielte für das Dienstpersonal, sooft man es wünschte. Er hoffte, daß die Oberin ihm erlauben würde, auch für die Schwestern zu spielen.

Er mied Edi, so gut er konnte, er fürchtete ihn

und fühlte sich von ihm verachtet. Rojzen war's nicht ganz klar, ob er noch unter dem Befehl dieses fremden Mannes stand. Er war nicht schlecht und nicht dumm, aber unfähig, auf Verachtung anders als mit Furcht und Schmeichelei zu antworten. Bis vor kurzem wäre ihm der Gedanke, daß er sich taufen lassen könnte, um sein Leben zu retten, unfaßbar gewesen. Nun wußte er, daß er zum Katholizismus übertreten würde, wenn man es von ihm verlangte – aber nur nach dem Tode Bynies. Der kranke Junge da oben und sein Wächter, dieser Dr. Rubin, halfen ihm nicht. Aber alles, was er tat, um sich zu retten, erschien ihm selbst verächtlich, weil er dachte, daß es den beiden so erschien.

»Warum lachen die drinnen, Rojzen?« fragte Edi.

»Warum sollen sie nicht lachen? Ich habe ihnen eine Geschichte erzählt, eine alte, aber für sie war sie neu.«

»Ich mag nicht, daß du sie mit jüdischen Geschichten erheiterst. Warum hast du die Milch und die Kartoffeln nicht heraufgebracht? Und gestern abend hättest du für Bynie spielen sollen, aber du bist nicht gekommen.«

»Man kann nicht immer spielen. Die Finger waren mir steif gefroren. Die machten einen Spaß mit mir, wollten mich unbedingt nicht in die Küche hineinlassen, mir die Hände wärmen. Jetzt geht es besser, sie lachen schon. So werden sie mir auch

Milch und Kartoffeln geben, das Brot habe ich schon. Sie kennen sich nicht aus, Herr Oberleutnant. Sie wissen nicht, für uns ist es gut, wenn die Polen lachen, und deshalb –«

»Also bring alles mit, auch deine Geige. Der Doktor hat den Verband gewechselt, Bynie hat sehr gelitten. Es ist bald Abend, und er hat noch nichts gegessen.«

»In Ihren Augen bin ich an allem schuld, gerade ich, Mendl Rojzen«, klagte er. Edi ließ ihn stehen und ging ohne Gruß weg. Rojzen war empört, wollte ihm nachlaufen, aber er hatte keine Zeit. Er mußte in die Küche, das Geschirr trocknen.

Edi schob Holz in das Öfchen. Er hantierte vorsichtig, um den Kranken nicht zu wecken. Bynie lag auf dem Rücken, das Gesicht hochgereckt, als lauschte er auf einen Ton, der von oben kommen konnte. In der Hand hielt er noch immer das Buch. Edi nahm's ihm aus der Hand und löste den Zeigefinger der anderen von der Stelle, bei der der Leser angekommen war. Sie lautete:

»Das Bewußtsein des Lebens, seines Daseins und Tuns ist der Schmerz über dieses Dasein und Tun – – –.«

Er schlug das Buch zu. Seit Wochen, vielleicht seit Monaten, quälte sich der Junge mit dieser ›Phänomenologie des Geistes‹, mit diesem Kauderwelsch einer ihm fremden Sprache ab, um herauszufinden, warum Hegel sich im Garten der Erkenntnis verirrt hatte. In diesem Kapitel handelte es sich unter anderem um das »unglückliche Bewußtsein«.

»Worauf mag er lauschen?« fragte sich Edi, während er das blutlose Gesicht betrachtete, das die langen schwarzen Schläfenlocken umrahmten. Er schob zwei Geigenkästen unter den Strohsack, so daß sie das Kopfende erhöhten, und legte sich hin. Das Mitleid, das er für den Jungen empfand, den er nun seit Wochen pflegte, war ein stets waches, aber nicht besonders starkes Gefühl. Daß er in Hoffnung und Bangnis mitschwang, war natürlich, eine Folge der steten Nähe. Er hätte ihn wie einen Sohn lieben können, doch fühlte er sich an ihn nicht gebunden. Aber da war eine sonderbare Neugier, wie Edi sie vorher nie gekannt hatte. Nichts an diesem jungen Menschen war geheim, dennoch blieb sein Wesen unbekannt, er war einfacher, als sechzehnjährige Knaben sonst sind, und zugleich ungewöhnlich: als ob er anderes und viel mehr als nur ein bestimmtes Individuum, als ob er eine Gattung Mensch wäre. So mag man angesichts eines Bildnisses nicht danach fragen, wen es dargestellt, obschon es einfach wäre, Namen und Geschichte des Porträtierten zu erfahren. Man bleibt in den Anblick eines Gesichts versunken, das, von der Person losgelöst, nach Hunderten von Jahren mehr bedeutet und den Beschauer stärker ergreift als das vergangene Leben eines einzelnen. Die Merkmale eines Wesens sind zum Wesen selbst geworden, das nicht trotz, sondern wegen seiner Besonderheit als Allgemeingültiges erscheinen mag.

Bynie war in einem von tausendmal tausend Zäunen umhegten Glauben erzogen worden, der alles, selbst die unwichtigste Gebärde eines Kindes durchdrang. Frühzeitig erfuhr er, daß er zu einem hohen Amt berufen war, frühzeitig erkannten die anderen und er selbst, daß er ein »Lerner« war, wie sie es nannten, ein Schwamm, der alles gierig aufsog, und daß sein Hunger nach Wissen unersättlich und sein Durst nach Verstehen unstillbar waren.

War all dies besonders, so war es doch nicht unbekannt. Unfaßbar blieb allein, so schien es Edi, die eigentümliche Verbundenheit mit dem All, in der dieser Junge so natürlich lebte, wie ein Baum im Erdreich wurzelt. Um so erstaunlicher, als Bynie, im Gegensatz zu seinem Vater, augenscheinlich nicht an ein Jenseits und nicht an die Unsterblichkeit der Seele glaubte, sondern es nur für möglich hielt, daß sich Gott am Ende der Tage entschließen könnte, eine zweite, endgültige Schöpfung zu wirken – die Wiederauferstehung. »Nicht durch seinen Leib und nicht durch seine Seele, sondern nur durch den Sinn seines Tuns geht der Mensch in die Ewigkeit ein. Dieser Sinn ist, wenn er der rechte ist, göttlich, also ewig.«

All diese Worte waren leer für Edi, aber allmählich verlor er die Ungeduld, die sie zuerst in ihm erregten. Eben weil, was Bynie sagte, nicht wie die Äußerung einer Person oder einer Sekte wirkte, sondern wie der Ausdruck einer menschlichen Natur. Zu deren Widersprüchen mochte es gehören, daß der Junge Schmerzen fürchtete und nach seiner Mutter rief, wenn Dr. Tarlo den Verband zu schnell wegriß, und daß er das Sterben, nicht den Tod fürchtete. Er erklärte: »Weil der Tod leer ist, kann man ihn mißachten. Und deshalb ist auch das Töten eine Handlung ohne Sinn. Ich habe das so gut gemerkt bei dieser Schlacht im Wald und dann im Stollen. Ihr könnt es Euch selbst beweisen, Dr. Rubin. Versucht einmal, eine Schlacht zu beschreiben, und Ihr werdet merken, daß alle diese Taten zusammen so wenig bedeuten und so gestaltlos sind wie eine Träne im Ozean.«

»Ich bringe alles auf einmal«, sagte Rojzen, der, ohne anzuklopfen, die Tür geöffnet hatte. Edi machte ihm ein Zeichen, da erst bemerkte er, daß der Junge schlief. Er brachte die Sachen herein: die Milch, das Holz, die Kartoffeln, Äpfel und Brot.

Er legte vier Äpfel auf die glühende Platte des Öfchens.

»Die Hände«, flüsterte er, »die Hände frieren mir immer, man möchte sagen, sie haben die Blutarmut.«

»Blödsinn!« sagte Edi. »Stell die Milch aufs Feuer. Er soll trinken, sobald er erwacht.«

»Was denn tu ich? Den Topf werde ich in die Mitte stellen und die Äpfel rundherum. Sie wissen nicht, aber ich weiß, daß er sie gern hat, wenn sie gebraten sind«, sagte Mendl herausfordernd.

»Du bist es, Mendl?« fragte Bynie erwachend.

»Ja, Rabbi, ich habe alles gebracht, und die Äpfel brate ich. Nachher werde ich die Kartoffeln, ganz fein geschnitten, auch braten. Man hat mir ein Stück Butter für Sie gegeben. Es sind gute Polen, alle möchten, Sie sollen gesund sein. Es ist gerade sehr schön, daß Katholiken vor einem Rabbi Respekt haben. Die Frau des Gärtners, sie hat mir die Äpfel gegeben, sie sagt, ihr drittes Kind, es ist nicht krank, aber es geht nicht, so, ohne Grund. Sagt sie, sie glaubt, das kommt von der Schwägerin, die ihr gerade das dritte Kind nicht gegönnt hat. Für die Äpfel verlangt sie nichts, und wenn frisches Gemüse da sein wird, wird sie es auch geben, warum nicht, von Herzen gern, sagt sie – wenn der Rabbi nur Erbarmen haben möcht' mit dem armen Wojtek und ihn segnen und einen Zauber sprechen gegen den Zauber der Schwägerin, die den bösen Blick hat. Jetzt soll der Rabbi das Äpfelchen essen, es ist so heiß und voll von gutem Saft, die Milch ist auch gleich fertig. Und es ist ja wirklich ein Unrecht, warum soll gerade des Gärtners Wojtek nicht sein wie andere Kinder? Schon fünf Jahre alt, gerade ein schönes Kind, kriecht herum auf der Erde und traut sich nicht zu gehen. Die ganze Welt geht, nur er nicht. Das Herz zuckt einem zusammen, wenn man das mit ansieht – frag' ich, warum soll der Rabbi nicht ...«

»Genug gesprochen! Leg Holz auf, sonst wird die Milch nie heiß«, rief Edi ihm zu.

»Laßt ihn, Dr. Rubin!« griff Bynie begütigend ein. »Deine gebratenen Äpfelchen sind wirklich gut, Mendl. Du glaubst also, daß ich dem Kind helfen kann?«

»Warum soll ich nicht glauben? Der Doktor hat nicht geholfen, und wenn irgendeine Schwägerin ein böses Auge werfen kann, soll ich glauben, daß der Zaddik von Wolyna dagegen nicht aufkommen kann? Jetzt soll der Rabbi die Milch trinken, und ich werde hinunterlaufen und die Frau mit dem Kind bringen, und dann wird alles gut sein. Wojtek wird gehen, seine Mutter wird uns dankbar sein und mir erlauben, in ihrem Haus zu arbeiten, weil meine Hände, ich sage, sie sind blutarm. Ich gehe und bin schon zurück.«

Nach einer kurzen Weile war er wieder an der Tür, die er weit vor einer dicklichen jungen Frau öffnete. Sie trug in ihren Armen einen Knaben, dessen lebhafte Augen den Raum neugierig betrachteten. In der Hand hielt sie einen geflochtenen Brotkranz, den sie augenscheinlich als Geschenk mitgebracht hatte. Bynie nickte ihr zu und sagte:

»Gib das Brot dem Wojtek in beide Hände und stell ihn auf den Boden!«

»Aber er wird fallen, Euer Wohlgeboren.«

»Nein, Wojtek, du wirst nicht fallen, denn du mußt mir das Brot bringen. Ich brauche es, ich bin hungrig, und du, du bist gut, du willst mir helfen. Halte es fest in deinen Händen und komm zu mir!«

Das Kind schwankte, streckte die Hände vor, als ob es einen Halt suchte, schien ihn im Brotkranz zu finden, tat einen Schritt, zögerte, setzte den anderen Fuß vor, Bynie winkte mit der Hand, und Wojtek, die Augen bald auf das Brot gerichtet, bald auf den Kranken, kam langsam vorwärts. Endlich erreichte er das Kopfende des Bettes.

»Was hast du jetzt getan, Wojtek?« fragte Bynie und ergriff die Händchen des Kindes. Es schwieg.

»Du bist gegangen, denn du kannst gehen. Gib mir das Brot, Mendl wird dir ein Stück Holz reichen, und du wirst bis zu deiner Mutter gehen und es ihr geben, denn sie liebt dich, und du liebst sie.«

Das Kind tat, wie ihm geheißen wurde. Dann gab man ihm einen Löffel. Wieder setzte er sich in Bewegung und brachte Bynie den Löffel. Seine Mutter stürzte ans Bett, kniete nieder und stammelte: »Aus der Schande, aus der Schande hat der Herr mich erlöst. Soll der Herr jetzt meinen Sohn segnen!«

»Steh auf, Frau, vor einem Menschen darf man

nicht knien. Wojtek ist nicht gegangen, weil seine Mutter ihn zu lange getragen hat. Wenn er aber selbst tragen darf, dann will er gehen. Es steht geschrieben, daß Gott die Heilung noch vor der Krankheit schickt.«

Er ließ sich von Mendl einen gebratenen Apfel geben, sprach einen Segen und gab der Mutter und dem Kind je eine Hälfte.

»Kommen Sie jetzt, Frau Bielinsky, ich werde Ihnen alles erklären«, sagte Rojzen zur Gärtnersfrau, die weinend dastand und dem Kind zusah, das mit dem Löffel in den vorgestreckten Händen zwischen der offenen Tür und dem Bett mit unsicheren Schritten hin und her ging. Sein Gesicht drückte Verwunderung und Stolz aus.

»Oh, wie gut ist es, wenn der Rabbi nur will«, rief Mendl, der bald wieder zurück war. »Jetzt werde ich einige Eier kochen, sie sind ganz frisch, Wojteks Mutter hat sie mir aufgedrängt. Die Hände werden mir dabei warm werden, und dann werde ich spielen. Was braucht man viel? Alle zwei, drei Tage ein Wunder, was sage ich, ein ganz kleines, winziges Wunderchen, und schon wird alles leicht sein. Die Frau hat gesagt, ich darf in ihrem Haus arbeiten. Es ist dort warm, geheizt wie bei einem Prinzen –«

»Ist denn bei dir nicht geheizt?«

»Wie soll man denn heizen, gibt's denn einen Ofen? Ich schlafe doch auf dem Dachboden, das heißt, das ist nicht einmal ein Dachboden, sondern –.«

»Dann wirst du von heute ab hier schlafen und hier den Teppich knüpfen. Verzeih, daß ich nicht früher daran gedacht habe.« Aber Mendl zog es vor, nicht beim Rabbi zu wohnen. Er war in zu viele Angelegenheiten verstrickt da unten, und nun, nach dem Wunder, würde ja sowieso alles anders werden.

Er irrte sich nicht. Es verging kaum ein Tag, da er nicht jemanden zu Bynie brachte. Die Nachricht hatte sich schnell verbreitet, daß sich im Kloster ein Wundertäter aufhielt, einer von den Rabbis, denen auch ein Katholik zutrauen mochte, böses Geschick in gutes zu verwandeln. Zu den Leuten, die mit dem Kloster in Verbindung standen, war das Geheimnis zuerst gedrungen. Sie kamen hastig an, brachten den Schwestern und dem Rabbi Geschenke. Alle brauchten Wunder, ganz kleine, oder wenigstens einen wirksamen Segen.

Die letzten dreiundzwanzig Tage seines Lebens vergingen Bynie schnell. Er füllte sie mit Gebeten für leidende Menschen. Deren geflüsterte Klagen hörte er an, wie es sein Vater zu tun pflegte: aufmerksamer für alles, was das Wesen des Bittstellers verriet, als für seine Bitte.

Er wurde zusehends schwächer in diesen Wochen, aber trotz Edis heftigstem Widerspruch ließ er es nicht zu, daß auch nur einer von jenen abgewiesen würde, die kamen, ihn zu sprechen. Im übrigen sorgte Mendl für Ordnung. Er spielte die Rolle des Gabbai, des Kämmerers und Zeremonienmeisters. Es war wahrscheinlich, daß er sich die Audienzen bezahlen ließ. Er war von seiner eigenen Wichtigkeit durchdrungen, hatte sich auf irgendeine Weise bessere dunkle Kleidung besorgt, man nannte ihn Pan Mendl. Bynie gegenüber war er noch ehrerbietiger als früher und schien aufrichtig glücklich über jedes gute Wort, dessen ihn der junge Rabbi würdigte.

Edi hoffte, daß der Arzt eingreifen und diesen grotesken Betrieb am Bette eines Schwerkranken untersagen würde. Doch weigerte sich Dr. Tarlo entschieden, Bynie zu stören:

»Ich verstehe nichts davon. Tatsache ist, daß Wojtek geht und daß er vorher nicht gegangen ist. Ein psychologischer Trick? Wahrscheinlich. Dann ist es ein Wunder, daß dieser Sechzehnjährige ihn genau im richtigen Augenblick entdeckt und anwendet. Sie, einen ungläubigen Juden, geniert das, mir, einem gläubigen Katholiken, ist es willkommen.«

Eines Abends kam die Oberin. Bynies Fieber war wieder gestiegen, sein Körper glühte. Er strengte sich an, die Augen offenzuhalten, die Lider waren geschwollen.

»Sie verweigern noch immer die Speisen unserer Küche. Wir könnten auch anderes für Sie kochen«, sagte sie. »Sie sind sehr schwach. Der Doktor meint, daß Ihre Nahrung unzureichend ist. Wir werden Ihnen ja kein Schweinefleisch geben, aber Ihre Religion verbietet Ihnen doch nicht, Hühnchen zu essen.«

Bynie dankte ihr, aber die jüdischen Speisevorschriften seien sehr streng und man müsse sie ganz genau beachten. Überdies habe er jetzt genug zu essen, mehr als er und seine beiden Gefährten brauchten.

Die Oberin beugte sich über den Kranken und sah ihn lange an, forschend zuerst und dann nachdenklich. Die Strenge wich nicht ganz aus ihrem langen Gesicht, dessen Züge männliche, nicht weibliche Keuschheit ausdrückten. Sie setzte sich wieder und sagte:

»Ich habe Ihnen keine besondere Kost angeboten, auch als ich wußte, daß Sie unsere ablehnten. Denn Sie haben verabscheuenswerte Worte gesagt in jener Nacht, in der mein Neffe Sie hierhergebracht hat.«

Da Bynie stumm blieb, fuhr sie erklärend fort: »Sie haben mit Haß von uns Christen gesprochen. Die Christen haben meinen Vater und mich getötet, haben Sie gesagt. Und gleichzeitig haben Sie unsere Gastfreundschaft verlangt, obwohl Sie wissen, welchen Gefahren man sich aussetzt, wenn man einen Juden beherbergt. Und Dr. Tarlos Hilfe haben Sie angenommen. Wir alle sind Ihretwegen gefährdet. Trotzdem helfen wir Ihnen, eben weil wir Christen sind. Wir verbergen, ernähren und erziehen acht jüdische Mädchen. Wir erlauben, daß Leute zu Ihnen kommen, was unter den gegenwärtigen Umständen Wahnsinn ist. Nun, haben Sie mir nichts zu sagen?«

»Wenn ich Worte des Hasses gesprochen habe, habe ich gesündigt«, antwortete Bynie mühsam, aber mit deutlicher Betonung. »Und habe ich Sie gekränkt, so bitte ich Sie um Vergebung. Aber vergessen Sie nicht, daß die Wahrheit nicht vom Menschen geändert werden kann, denn sie ist Gottes Werk und Wille.«

»Was wollen Sie damit sagen?«

»Es gibt gute Juden und schlechte. Solange es die schlechten unter uns gibt, wird die Erlösung nicht kommen. Ihr aber, ihr Christen, ihr sagt, daß der Erlöser gekommen ist seit langem. Euch gehört die Welt, euch die Macht seit zwei Jahrtausenden. Habt ihr die Schwerter zu Pflügen umgeschmiedet, weidet das Lamm ruhig neben dem Löwen? Euer ist die Welt, und sie ist voll des Mordes – warum? Gott ist nur gerecht, aus uns macht er Opfer, aber euch zu unseren Henkern.«

»Jene, die Ihren Vater getötet und Sie verwundet haben, haben als sündige Menschen gehandelt, nicht als Christen. Das sehen Sie doch ein?«

Bynie antwortete nicht. Sie beugte sich wieder über ihn und legte die Hand auf seine Stirn.

»Sie fiebern. Haben Sie starke Schmerzen? Wollen Sie nicht eine Pflegerin haben?«

Er schüttelte den Kopf. Sie erhob sich, wartete, aber er sagte nichts mehr. Vielleicht schlief er wirklich.

Vier Tage später starb Bynie – es war an einem frühen Nachmittag. Die Sonne schien ins Zimmer, der Himmel war sommerlich blau.

Das qualvolle Sterben dauerte fünf Stunden. Dr. Tarlo versuchte vergebens, das mörderische Fieber herabzudrücken, die Schmerzen erträglicher zu machen. Bynie starb wie ein Kind – er weinte, klagte laut, rief nach dem Vater, nach der Mutter, nach der älteren Schwester.

Als die Schmerzen für eine kurze Weile erträglicher wurden, nahm er Edis Hand und bat ihn, mit ihm ein Gebet zu sprechen, dessen er sich nicht mehr ganz entsinnen konnte – das Bekenntnis des Sterbenden.

Edi sagte traurig: »Aber Bynie, du weißt ja, ich kenne kein einziges Gebet. Ich habe das Totengebet notiert, wie du es mir diktiert hast, das meinst du doch nicht.«

»Armer Mensch!« sagte Bynie. »Ihr bleibt ganz allein, wie werdet Ihr ohne Gebet leben können?«

Er sank zurück. Tränen des Mitleids näßten noch seine Wangen, als er starb. Das letzte Zucken ließ seinen Oberkörper und seine Knie hochschnellen, es zauberte auf seine Lippen ein kindliches Lächeln der Verwunderung.

»Alle, ausnahmslos alle sind einverstanden«, wiederholte Skarbek. Er war einige Stunden nach Bynies Tod mit Jadwiga, seiner Ehefrau, gekommen. »Wir umzingeln das Städtchen und besetzen es neunzig Minuten lang. Genug Zeit, den Rabbi im Mausoleum seiner Familie zu bestatten. Selbst die Dümmsten unter den Burschen sind überzeugt, daß wir das dem Toten schulden. Es muß morgen am späten Nachmittag sein, die Armia Krajowa verläßt gleich darauf die Gegend, wir haben Befehl, in ein anderes Gebiet abzuziehen.«

»Ich bin dagegen«, antwortete Edi. Die Anwesenheit der eleganten jungen Frau störte ihn. Ihm schien's, daß sie ihn neugierig und gönnerhaft zugleich betrachtete. »Ich verstehe, daß Sie und Ihre Leute an dieser Geste, die für euch gefährlich werden könnte, Gefallen finden. Aber Bynie hätte sie nicht gewünscht.«

»Ihnen ist es unbekannt, aber ich weiß es, Generationen von Juden sind zu diesem Mausoleum gepilgert. Später, wenn alles vorüber ist –«

»Es wird kein Später geben, Skarbek, auf die Ausrottung folgt nichts. Nicht einmal ein Epilog.«

»Warum nicht?« fragte Jadwiga. »Warum soll man dem verblichenen Rabbi nicht die letzte Ehre erweisen?«

»Man soll«, antwortete Edi zu Skarbek gewandt. »Aber weit und breit hat niemand das Recht dazu.«

Er mußte an Bynies Vater denken. An die harten Brote, mit denen die Wiener Spaziergänger die Boote der Juden zum Kentern brachten: »Gott hätte den Verhungernden das Brot gegönnt, aber er durfte den Schuldigen nicht die Gunst gewähren, eine gute Tat zu tun.«

»Ich denke, Sie sind streng, zu streng und überdies undankbar«, meinte die Frau.

»Ja, undankbar«, bestätigte Edi ernst. Aber plötzlich brach er in ein wildes Gelächter aus, das im langen Klostergang widerhallte und zu ihm selbst zurückzukehren schien.

»Ich weiß wirklich nicht, warum Sie lachen. Hinter der Tür ist der Tote aufgebahrt, und Sie lachen wie im Wald«, sagte sie.

»Dr. Rubin hat gar keinen Grund, uns dankbar zu sein«, meinte Skarbek, als Edi noch immer lachte. »Alles wird geschehen, wie Sie es wollen, Sie sollen nur wissen, daß die Akowcy –«

»Interessiert mich nicht. Nichts von alledem geht mich etwas an. Machen Sie mit der Leiche, was Sie wollen, aber nur keine ritterlichen Gesten, bitte! Und um zu verstehen, gnädige Frau, müßten Sie willig sein, vieles zu erfahren, was Sie gar nicht wissen wollen.«

»Was zum Beispiel?«

Skarbek griff ein: »Das Gespräch ist nutzlos. Rubin denkt, ich hätte dir verheimlicht, mit welcher Schuld ich mich beladen habe. Er weiß nicht, wie leicht es ist zu beichten, weil er unfähig ist zu verzeihen.«

»Ja, unfähig«, bestätigte Edi und verließ die beiden. Er ging zum Dachboden hinauf, für diese Nacht tauschte er die Schlafstelle mit Rojzen.

Während er sich in die alten schadhaften Decken wickelte, die nach Schimmel rochen, bedachte er, wieviel Grade von Einsamkeit es gab. Jetzt erst war er von allem, was Menschenantlitz trägt, wirklich abgeschieden. Die Vorstellung, daß er anderen Tags wieder Menschen begegnen würde, war ihm widerwärtig. Er suchte nach einer Welt, nach einer vereisten Wüste, in der keine Begegnung mehr möglich wäre, nach der Seinsform eines Toten. Lange lag er schlaflos da. Als ihn der Hunger übermannte, gab er ihm nach und stieg in Bynies Zimmer hinunter. Skarbek und Rojzen hielten die Totenwache. Edi schnitt zwei Stücke vom Brotlaib, bestrich sie mit Butter und ging wieder hinauf.

Er fühlte sich nicht mehr eins mit seinem Körper, den er verachtete: weil er Hunger empfand, Müdigkeit, Kälte, weil selbst die Gier nach Frauen in ihm nicht erstorben war.

Fünftes Kapitel

»Ja, ja, gewiß!« stimmte der General zu. Er wandte sich halb um, so daß er den Major, der etwas kleiner war, verdeckte.

»Ja, aber ich habe gesagt: In drei Tagen soll's zu Ende sein. Eine Woche ist um, vom Ende keine Spur!«

Besser ohne den Feldstecher, dachte der General, er hob den Kopf in die Höhe – so war's richtig. Profil, scharfer Ausdruck, moderner Feldherr. Nun möchte der Fatzke knipsen. Der Major hatte 'ne Art, an einem zu kleben, wollte gewiß ganz groß aufs Bild.

Etwas vorne, zu beiden Seiten, standen die Unteroffiziere mit den schußbereiten Maschinenpistolen – eigentlich unnütz. Der Photograph kniete neben dem großen Daimler – so mußte es richtig werden, von unten aufgenommen. Aber dann sah man auch nichts vom Ghetto. Nicht nötig. Verdammt noch mal, daß die Polacken von der Hilfspolizei nicht draufkommen! Slawischer Hintergrund – nee, danke, bin bedient! Er drehte sich um, natürlich standen sie da, die Gewehre schußbereit. Nicht schlecht: Polen beschützen SS-General!

»Halt, es wird nicht geknipst, bevor der Hintergrund nicht gesäubert ist!« rief er.

Der Adjutant verstand sofort, ging nach hinten, die Polen drückten sich ins Haustor. Der General schob die Mütze etwas tiefer in die Stirn, hob wieder den Kopf, stellte das rechte Bein so, daß die Sporen sichtbar blieben. Im Augenblick, da der Photograph knipste, erfolgte eine besonders starke Explosion. Vielleicht hatte ihm die Hand gezittert, er machte lieber gleich noch zwei Aufnahmen.

»Ich denke also –«, begann der Major wieder.

»Nischt zu denken, machen uns lächerlich. Ich habe zweitausend Mann eingesetzt, außerdem Pioniertruppen, Panzerwagen und 'ne leichte Batterie. Von jetzt an meine ich es verflucht ernst – einäschern. Auch die Werkstätten. Die Kanäle überschwemmen. Alles abrasieren. Verdammte Scheiße, daß wir den Einsatztruppen den Stall ausmisten müssen. Aber wenn, dann schnell und gründlich. In die Kanäle und Bunker Polen und Litauer vorschicken, die sollen nicht glauben, daß sie nur Ehrengäste sind beim Schweineschlachten. Sehen Sie mal hier, wie die sich amüsieren!«

Auf dem Krasinski-Platz, der an die Mauer des Ghettos stieß, war Kirmesrummel. In der Mitte stand ein großes Karussell, überall dröhnte die Musik. Die feiertäglich gekleidete Menge drängte sich vor den Schaubuden. Es war der Ostersonntag 1943. »Kann man später mal erzählen, zu Hause«, meinte der Major nachdenklich. »Sonderbarer Krieg! Alles dicht nebeneinander – die hören die

Explosionen, sehen die Feuersäulen aufsteigen, den Rauch, hören die Schüsse – und eigentlich handelt es sich in einem gewissen Sinne um ihre Mitbürger.«

»Finde ich auch«, unterbrach ihn der Adjutant, »aber das haben wir ja nun schon heraus, die Polen, die kennen wir aus dem Effeff, wir haben sie mit großen Löffeln gefressen.«

»Nur nicht philosophisch werden, meine Herren!« ermahnte der General und stieg in den Wagen. »Erst das Ghetto gründlich säubern, dann alles, was rundherum ist. Wir sind Feinschmecker, essen Artischocken, Blatt um Blatt, das Beste kommt zuletzt!«

Die Suite lachte, stieg in den zweiten Wagen. Sie fuhren ab.

»Es wäre leicht gewesen, den SS-General abzuschießen«, sagte Edi und drehte sich wieder zur Bude des Bauchredners um. Skarbek meinte nach einer Weile:

»Ich bin nicht oft in Warschau gewesen. Für uns ist eigentlich Krakau das Zentrum, Polens Herz.«

Sie waren seit zwei Tagen in der Hauptstadt. Roman war von der politischen Leitung berufen worden, Edi wollte nicht länger im Kloster bleiben. Man rechnete damit, daß die Gestapo plötzlich einbrechen und es gründlich durchsuchen würde. Sie hatte zweifellos davon Wind bekommen, daß sich ein Rabbi dort aufgehalten und bis zu seinem Tode Besuche empfangen hatte.

»Ich meine nur, Warschau ist nicht Polen«, begann Roman wieder. »Eine solch große Stadt, der Pöbel ist Majorität.«

Sie hatten den Platz verlassen, nun gingen sie durch eine enge Straße. Eine Straßenbahn kam hinter ihnen her gefahren. Diese Linie fuhr ganz nahe am Ghetto vorbei. Die Passagiere waren seit Minuten Zeugen der Vernichtung, der ein Teil ihrer Heimatstadt zum Opfer fiel. Manche sahen gespannt zum Fenster hinaus, zum grünlichgrauen Himmel hinauf, beobachteten, wie der Rauch langsam heller wurde und zerstob. Die meisten aber waren den Anblick nun schon gewöhnt. Es war der siebente Tag des Aufstandes, die Passagiere sprachen untereinander oder vertieften sich in ihre Zeitungen.

»Ich meine, Rubin, die Kirmes auf dem Krasinski-Platz ist nicht, wie soll ich sagen, sie ist nicht symbolisch. Ich betone das ausdrücklich. Sie möchten doch auch nicht, daß man zum Beispiel die Juden nach Mendel Rojzen beurteilen soll, nicht wahr?«

Roman hatte Mühe, mit Edi Schritt zu halten, der so schnell ging, als fürchtete er, zu spät zu kommen. Aber sie hatten kein Ziel und viel Zeit, sie sollten erst am Abend wieder in der Wohnung des Herrn Joseph Grudzinski sein.

»Ich nehme an, daß wir zum Rummelplatz wieder zurückfinden, wenn wir in die nächste Gasse rechts einbiegen«, sagte Edi.

»Warum, wozu wieder hingehen?« fragte Roman. Aber er wußte, daß er nachgeben würde. Das Bewußtsein seiner Schuld machte ihn wehrlos gegenüber diesem Manne, der jedes Gesicht in diesem Lande, jeden Stein in dieser Stadt anblickte wie einer, der sich darauf vorbereitet, der Kronzeuge des Anklägers zu sein. Er hätte von Katyn sprechen können, von dem Massengrab der vielen tausend polnischer Offiziere, das man vor wenigen Tagen entdeckt hatte. Er blieb stumm, er wollte nicht Leichen gegen Leichen stellen. Alles war unsagbar traurig und erniedrigend zugleich. War es faßbar, daß es solches Leiden gab ohne Schuld?

Sie kamen durch eine ruhige Gasse mit hübschen Zweifamilienhäusern. Aus einer Etage klang sentimentales Klavierspiel, in einem Vorgärtchen standen Leute um einen Kinderwagen und versuchten, mit lautem Lachen und Lärmen einen Säugling zu erheitern.

Neben einer Laterne stand ein junges Liebespaar. Das Mädchen lachte trillernd, es streckte seine rote Korallenschnur vor, als wollte es den Geliebten damit neckisch schlagen oder streicheln.

»Sie haben gestern mit Ihren Leuten gesprochen, Sie wissen also, was Ihre Organisation für die Kämpfer des Ghettos getan hat und noch zu tun gedenkt«, sagte Edi.

»Wir haben ihnen Waffen gegeben.«

»Was? Wieviel?«

»Fünfzig Revolver, fünfzig Granaten und fünf Kilo Explosivstoff. Es ist nicht viel, ich gebe es zu.«

»Und was werdet ihr jetzt tun, heute nacht, morgen, übermorgen?«

Roman antwortete nicht. Er hatte an der Sitzung teilgenommen und war mit zwei anderen überstimmt worden. Die Majorität, Politiker und Offiziere, war davon überzeugt, daß nichts zu machen wäre.

»Es heißt«, sagte er zögernd, »die im Ghetto rechnen darauf, daß ihnen die alliierten Flugzeuge Hilfe bringen werden.«

»Es wird keine Hilfe kommen. Wenn ihr Polen nicht helft ... Gehen wir schneller. Der Rummelplatz kann nicht mehr weit sein. Man hört schon die Musik, den Jubel des Volkes.«

»Seine Pflicht tun – ja. Mehr – nein. *Pas de zèle*, hat ein sehr kluger Mann gesagt, nur keine Fleißaufgaben, mein kleiner Roman!« erklärte Herr Grudzinski mit krähender Stimme. Er schob sich noch tiefer in die Ecke des großen ledernen Fauteuils, als hoffte er, darin schließlich ganz zu verschwinden. Schon in seiner Kindheit war Roman dieses sonderbaren Zuges im Charakter seines Onkels gewahr geworden: der auffällig klein gewachsene Mann versuchte immer, sich noch kleiner zu machen. Seine Schuhe waren fast ohne Absätze, er setzte sich mit Vorliebe auf besonders niedrige Stühle, seine Angestellten mußten immer großgewachsene Leute sein.

»Aber in ungewöhnlichen Zeiten sind auch die Pflichten nicht gewöhnlich«, antwortete der Neffe.

»Ungewöhnlich, das sagt man so leicht. Daß Polen nicht frei ist, das haben wir schon mehrfach erlebt. Deutsches Militär in den Straßen Warschaus, auch schon dagewesen. Pogrome hat es immer gegeben. Warenmangel, schlechtes Geld, schnelle Bereicherung der tüchtigen und schnelle Verarmung der sogenannten anständigen Leute – was ist neu daran? Ihr Skarbeks seid romantisch, meine arme Schwester hätte besser getan, Grabski zu heiraten. Er ist jetzt mein Kompagnon.«

»Onkel Joseph«, unterbrach ihn Roman ungeduldig. »Sie wissen, was im Ghetto vorgeht. Das hat mit den Pogromen nichts mehr zu tun. Und wenn wir Polen nur zusehen, dabei die furchtbaren Nachrichten aus Katyn und gleichzeitig der Rummel auf dem Krasinski-Platz –«

»Und was dann? Die Trauergäste essen und trinken nach einem Begräbnis. Das ist ein alter Brauch. Deinen jüdischen Freund habe ich bei mir aufgenommen, du selber bist immer willkommen. Braucht man Geld, geb' ich Geld. Zu schweigen vom geheimen Quartier, das ich eurer Organisation überlassen habe. Es kann mich den Kopf kosten. Soll ich, Joseph Grudzinski, mich ins Ghetto schmuggeln und zusammen mit den Juden umbringen lassen? Ach, kleiner Roman, wie schön sind die Gesten in den Büchern und wie dumm im Leben! Glaubst du, ich habe nicht genug von alledem! Gerade jetzt zu Ostern muß deine Tante zu ihren Enkeln fahren, läßt mich allein. Wenn sie dann zurückkommt, geht die Hölle los. Ich bezahle die Leute, und sie spionieren mir nach, sind in ihrem Dienst, und dann wird sie mir Vorwürfe machen wegen einer Mätresse, mit der ich sie angeblich betrüge. Dazu habe ich noch einen nervösen Magen und Sorgen für heute, für morgen, für die Zukunft. Da hast du's, schon wieder Explosionen, nicht einmal hier hat man Ruhe. Roman, ich werde dir etwas sagen, nimm den Cointreau aus der Kredenz, schenk uns beiden ein, gehen wir dann schlafen. Und merk dir ein für allemal, was dein Onkel rät: Kümmere dich um deine eigenen Angelegenheiten, dann wirst du von den Sorgen der anderen verschont bleiben. Ich sage dir, Roman, man muß leben!«

»Es gibt einen Gott, Onkel!« schrie Skarbek zornig. Er schämte sich sofort dieses Ausspruchs und fügte traurig hinzu: »Mir ist das Herz furchtbar schwer. Was jetzt geschieht, wird unser Verhängnis sein. Auch uns wird die Welt allein lassen, ganz allein, niemand wird uns helfen, niemand –«

»Was redest du wie eine überspannte Nonne? Was vergleichst du uns mit den Juden? Hast du dich vielleicht erkältet, hast Fieber? Was kann ich für Katyn, was kannst du für die Vorgänge da hinten im Ghetto? Man muß leben, das sage ich dir!«

Nur wer an Hand des Bauplans die Räume der Wohnung genau ausgemessen hätte, hätte den eingemauerten Kasten entdecken können, in dem Edi sich aufhielt. Raum für ein schmales Bett und einen Schrank. Die Luftzufuhr war durch ein sinnreich erdachtes Röhrensystem gesichert. Zu Beginn des Jahrhunderts hatte der Ingenieur Wlodzimierz Grudzinski, Josephs Vater, der Polnischen Sozialistischen Partei dieses Versteck gebaut. Einer der Männer, den es vor Verhaftung schützte, wurde später berühmt – der Vater des Vaterlandes, der erste Marschall des wiedererrichteten Polens. Auf seinen Rat hin wurde das Geheimnis auch dann gewahrt, als dessen Aufdeckung für die Biographien des großen Siegers reizvoll und für die Familie des Ingenieurs ruhmvoll gewesen wäre. Ungern hatte Romans Onkel davon Abstand genommen, diese historische Stätte bekanntzumachen. Aber seit das Land vom Feind besetzt war, hatte er Grund, der Voraussicht und der Vorsicht des verstorbenen Staatsoberhauptes dankbar zu gedenken. Er benutzte das Versteck, um sein Geld und seine Devisen in Sicherheit zu bringen. Als etwas später die Patrioten seinen Beistand verlangten, baute er am anderen Ende des Hauses einen ähnlichen Raum, über den sie allein verfügen konnten. Er ahnte, ohne es genau zu wissen, daß dort eine besondere Werkstatt eingerichtet war, die alle Aktivisten der Bewegung mit guten Ausweisdokumenten versorgte. Joseph Grudzinski war stolz und ängstlich zugleich bei dem Gedanken, daß sie unter seinem Dache hergestellt wurden. Zum erstenmal benutzte er das Versteck im linken Flügel des Hauses, das des Marschalls, um einen Juden zu beherbergen. Er tat es nur dem Neffen zu Gefallen, an dem er in besonderer Weise hing: Er bewunderte Roman wegen seiner Fehler und schätzte ihn sonst gering.

Edi war nun in Sicherheit, aber er hätte auch mit jedem andern Raum vorliebgenommen. Er hatte die Fähigkeit verloren, Angst zu empfinden, wie man das Augenlicht oder den Geruchssinn einbüßt. Hätte er darüber nachgedacht, er hätte sich gewiß darüber verwundert wie einer, der im Mondschein entdeckt, daß ihm der eigene Schatten plötzlich abhanden gekommen ist.

Aber wie er dalag, unter der schwachen Lampe, kreisten seine Gedanken nur um eine Frage: »Was soll ich mit dem Rest des Lebens anfangen?« Wäre er zwei Wochen früher gekommen, hätte er sich zu den Männern des Ghettos durchschlagen können. Aber nun war es unmöglich und jedenfalls sinnlos.

Zwar hatte ihm Skarbek angeboten, in der polnischen Untergrundbewegung unterzutauchen, aber ihm war Polens Schicksal gleichgültig. Ihn ging keiner der Kämpfe, die auf dieser Erde ausgetragen wurden, noch etwas an. Gewiß, es war gut zu wissen, daß Hitlers Niederlage unvermeidlich war, aber nichts verband ihn mit den zukünftigen Siegern.

Er lag auf dem Rücken gerade ausgestreckt, die Arme unter dem Kopf verschränkt, die Augen geschlossen. Er war aller Bindung ledig. Ihm war eine Freiheit zuteil geworden, die völlig nutzlos war, die Freiheit, vernichtende Taten zu vollbringen: auf einen der lachenden Genießer auf dem Rummelplatz zu schießen, ein mit Zuschauern überfülltes Kino in Brand zu stecken, einen deutschen Offizier auf der Straße zu töten, sich selbst eine Kugel in die Brust zu jagen.

Aber er war nicht frei, an irgendeine Zukunft zu denken, sich den kommenden Tag anders als im Schatten des vergangenen vorzustellen. Er war nicht frei, dem Unfrieden seines Wesens zu entrinnen.

Seit Bynies Tod erst sehnte er sich nach dem Frieden – ohne Hoffnung, ihn zu finden, denn er wußte nicht einmal, was es war, wonach er wirklich suchte. Immer wieder drängte sich ihm eine Vorstellung auf, die sinnlos blieb und doch die einzige war, die auf ihn fast tröstlich einwirkte: eine Welt ohne Lebewesen, ohne Bewegung, eine Schneewüste, auf die kein Licht fällt, über der kein Himmel sich wölbt. Eine endlose Stille. Er sah sich selbst durch diese Schneewüste gehen – die einzige Bewegung in dieser toten Welt, und sie war außerhalb der Zeit.

Vielleicht war es diese Vorstellung, die ihn davon abhielt, sich sofort zu töten. Denn der Haß, der zu Taten drängt und so ans Leben bindet, hatte ihn in dem Augenblick verlassen, da Bynie ins Grab gesenkt wurde. Von jenem Tag an war es ihm gleichgültig, was geschehen würde: ob Juden kämpfend starben oder als wehrlose Märtyrer, wie der Rabbi es gewünscht hatte. Was bis dahin so unvergleichlich bedeutsam gewesen war, erschien ihm nun geringfügig. Auf etwas anderes kam es ihm an, auf den inneren Frieden. Doch was ist er, fragte er sich. Und wieder ließ er sich von der Vorstellung der unbewegten Welt überwältigen. Daß Glück Ziel und Rechtfertigung des Menschen sein könnte, das hatte er nicht geglaubt, er allein im Gegensatz zu Leuten wie Faber und Josmar. Wenn aber der Mensch nichtig war bis zur Widerlichkeit, was sollte sein Glück dann bedeuten, was rechtfertigen?

Geht es aber nicht um den Menschen – was

bleibt zurück? Und warum gibt es in meiner Welt keinen Himmel, keine Gestirne?

Er bemühte sich, das Bild zu ändern. Es gelang ihm nicht. Er mußte darüber lächeln – als hinge es nicht von ihm selber ab. Der Himmel verweigert sich mir, dachte er erstaunt, fast erheitert.

»Der den Frieden schafft in Seinen Himmeln, wird ihn auch uns bereiten« – so hieß es am Ende des Kaddisch, jenes Totengebets, das ihm Bynie beigebracht hatte. In lateinischen Lettern hatte Edi unter dem Diktat des Jungen den aramäischen Text und daneben die Übersetzung notiert. Er hatte es aufbewahrt, obwohl es vorsichtiger gewesen wäre, das Papier zu vernichten, bevor er das Kloster verließ. Nun las er es noch einmal: »Frieden in Seinen Himmeln (oder Höhen)«, stand da geschrieben.

Er schlief bald ein. Nicht ganz, denn immer von neuem kehrte im Halbschlaf das drängende Gefühl wieder, daß er aufwachen und die Lampe über dem Bett abdrehen müßte. Das Licht störte ihn. Sich dem Schlaf entreißen, nur für einen Augenblick, nachher würde alles gut sein. Er erwachte nicht, die Gewißheit, daß er eine dringende Aufgabe zu erfüllen hatte, quälte ihn.

Einige Stunden später fuhr er auf, von Detonationen geweckt, die so heftig waren, daß man glauben mochte, die unteren Etagen des Hauses müßten auseinanderbersten. Er fand sich langsam wieder zurecht, blickte erstaunt zur Lampe über seinem Kopf auf. Und zum erstenmal, seit er lebte, bedachte er: Wenn es einen Gott gäbe, würde er die ganze Last von mir nehmen. Alles würde auf einmal unaussprechlich leicht sein. Ich brauchte nur an ihn zu glauben ...

Er fragte sich: Warum soll es unmöglich sein, an ihn zu glauben?

Er drehte das Licht aus. In diesem gleichen Augenblick kam ihm die Vorstellung von der zeitlosen, öden Welt wieder. Und erstaunt erblickte er diesmal das hohe, weite, gestirnte Firmament.

Etwa eine Woche später verließ Edi das Land. Er reiste zusammen mit einem jungen Mann, einem der Boten, die die Kämpfer des Warschauer Ghettos nach Palästina sandten, nicht damit sie um Hilfe bäten – denn alle Hoffnung war dahin –, sondern damit sie den Überlebenden berichteten, was geschehen war. Man rechnete damit, daß nicht alle Boten anlangen würden, und hoffte, daß doch einer von ihnen durch die Netze schlüpfen könnte. Roman Skarbek verschaffte für Edi, der wieder in deutscher Uniform reiste, und für seinen Begleiter Papiere, auf Grund deren sie im Auftrag einer wichtigen deutschen Verwaltungsstelle nach Bulgarien fuhren. Von dort wollten sie sich über die Türkei nach Palästina durchschlagen.

Bis zur späten Nachtstunde, in der der Zug die polnische Hauptstadt verließ, blieben Roman und

Edi zusammen. Sie sprachen viel über Musik, über Bücher, die sie in der Jugend am tiefsten beeindruckt hatten. Sie vermieden es, auch nur einmal zu erwähnen, was sie in den letzten Monaten gemeinsam erlebt hatten. Knapp vor dem Aufbruch sagte Roman:

»Mendl Rojzen hat sich auf irgendeine Weise ausländische Papiere, ich glaube einen südamerikanischen Paß, verschafft und lebt jetzt in einem Hotel, wo ausländische Juden unter ganz angenehmen Bedingungen interniert sind. Die Frage ist, ob man genug Dollars hat.«

»Ja, Bynies Wunder haben Mendls Taschen gefüllt. Und auch Sie haben ihm gewiß geholfen. Ich danke Ihnen dafür, Skarbek. Denn ich verachte Mendl nicht mehr. Und ich hasse niemanden mehr, jedenfalls bemühe ich mich, nicht zu hassen und nicht zu richten. Ja, gerade Ihnen will ich es sagen. Das Unmenschliche in mir, das war das Menschliche in der Verzweiflung der Bindungslosigkeit. Ich drücke mich ungeschickt aus, aber Sie verstehen mich vielleicht. Wenn es Gott gäbe, ich meine, wenn es ihn gibt, dann ist das Unmenschliche bei ihm. Er nimmt es uns ab, Sie verstehen? Und dann kann man sich auch vor der Bindungslosigkeit retten. Ihnen ist es selbstverständlich, nehme ich an, aber ich entdecke es erst jetzt, mit siebenundvierzig Jahren. Und deshalb fürchte ich mich jetzt auch wieder vor dem Tode. Ich möchte noch leben, um zu erfahren, ob ich mich nicht täusche, ob – Sie verstehen, Skarbek?«

»Ja, ich verstehe. Es ist leicht für mich. Ich habe nie begriffen, wie jemand ohne Gott leben kann. Schwer genug mit ihm, aber ohne ihn, nein wirklich, das ist unmöglich. Faber sagte mir: ›Wir haben uns dazu verurteilt, ohne Gott zu leben.‹ Das ist ja schlimmer als Selbstmord. Das ist ja, als ob man sich selber zur Hölle verurteilte, dazu, Teufel und Sünder in einem zu sein.«

»Ja, vielleicht«, meinte Edi, während er sich langsam erhob. »Ich möchte Faber jetzt nicht begegnen; noch nicht, alles ist mir ungewiß, ich habe erst zu ahnen begonnen. Da war die Liebe und die Musik und der Glaube an das Glück, aber das ist alles verbrannte Erde. Wenn Bynie noch lebte, gerade jetzt würde ich ihn brauchen – nun leben Sie wohl, Skarbek!«

»Ich hätte damals, am Freitag, nicht fahren, euch nicht allein lassen sollen.«

»Ich denke nicht mehr daran. Man muß den tieferen Sinn verstehen, das Ereignis als Gleichnis, wie der Rabbi aus Wolyna es getan hat. Ich trage Ihnen nichts mehr nach, Skarbek, nichts, denn ich überschätze nicht mehr das Geschehen. Es gehört dem schnell dahinschwindenden Augenblick und ist, allein betrachtet, so gestaltlos wie eine Träne im Ozean – das hat Bynie gesagt.«

»Der junge Rabbi hätte nicht so sterben dürfen«, sagte Skarbek traurig. Edi reichte ihm die Hand, wie um ihn zu trösten, und verließ das Haus.

Es war schon Mai, aber der Regen, der diese Nacht auf die Stadt fiel, gemahnte an den Herbst. Die Detonationen im Ghetto erschütterten die Luft. Die Einwohner Warschaus hatten sich an sie gewöhnt. Sie schliefen.

Hinter den verschlossenen Haustoren brannten leicht flackernd die Kerzen unter den Standbildern der Madonna, deren offene Hände sichtbar die auf einem halben Globus dargestellte Stadt beschützen. Die Warschauer hatten Hausaltäre errichtet; es hieß, daß sie Bombardements und andere Gefahren des Krieges von den Gläubigen abwandten.

Gewalt und Unterdrückung, Krieg und Zerstörung – wie kann man in der Welt von heute diesen Mechanismen entgegenwirken? Diskussionsbeiträge und Aufsätze von Fried, Ringel und Hrdlicka, rund fünfzig Abbildungen von Hrdlickas Werken (unter anderem Erstveröffentlichungen), über fünfzig Gedichte von Fried, davon sechzehn bisher unveröffentlichte.

Erich Fried

Es ist wichtig, zu hören, und verstehen zu wollen, was Psychologen, Künstler und Dichter zu sagen haben, denn sie alle kämpfen auf ihre Weise gegen Entfremdung, Selbstentfremdung und Verdinglichung.

Alfred Hrdlicka

Kunst ist die Konfrontation mit denen, die die Macht haben.

Erwin Ringel

Erkranken können nicht nur Einzelpersonen, sondern auch Gemeinschaften – von der Familie angefangen bis zum Staat.

2. Auflage
Französische Broschur,
17 × 24 cm, 200 Seiten mit
8 Farbtafeln, mehr als 50
Schwarzweißabbildungen
und einer gefalteten
Farbtafel

EV
Europaverlag